아이디어에 생명을 불어넣는 것은 모험이다.
아이디어는 그대로 유지되지 않을 것이다. 무엇인가를 해야 한다.

알프레드 노스 화이트헤드

인간의 본성에 가장 큰 고통 중 하나는
새로운 발상을 위한 고통이다.

월터 배젓

무언가를 해라. 잘되지 않으면 다른 무언가를 해라.
말도 안되는 생각이란 없다.

짐 하이타워

틀을 깨는 사고력

틀을 깨는 사고력

펴낸날 2023년 10월 10일 1판 1쇄

지은이_ 양첸룽
구술_ 오드리 탕
옮긴이_이에스더
펴낸이_김영선
편집주간_이교숙
책임교정_정아영
교정·교열_나지원, 이라야, 남은영
경영지원_최은정
디자인_바이텍스트
마케팅_조명구

발행처 ㈜다빈치하우스/미디어숲
주소 경기도 고양시 덕양구 청초로 66 덕은리버워크지산 B동 2007호~2009호
전화 (02) 323-7234
팩스 (02) 323-0253
홈페이지 www.mfbook.co.kr
출판등록번호 제 2-2767호
값 17,800원
ISBN 979-11-5874-201-0(03300)

㈜다빈치하우스와 함께 새로운 문화를 선도할 참신한 원고를 기다립니다.
이메일 dhhard@naver.com (원고 투고)

천재 프로그래머 장관 오드리 탕의 새로운 생각법

틀을 깨는 사고력

NEW THINKING

양첸룽 지음 | **오드리 탕** 구술 | 이에스더 옮김

미디어숲

나는 오드리 탕이다

어린 시절 따돌림 때문에

유치원 세 곳, 초등학교 여섯 곳을 옮겨 다녀야 했다.

게다가 선천성 심장질환을 앓아

어릴 때부터 죽음의 그림자가 항상 내 주위를 맴돌았다.

14살에 심장 수술을 받은 뒤로 건강을 회복했지만,

4살부터 14살까지 10년이라는 긴 세월 동안

'나는 오늘밤 잠들면 내일 아침 깨어나지 못할지도 모른다'는

두려움 속에 살았고, 이는 나의 인격 형성에 아주 큰 영향을 끼

쳤다.

이때 나는 생각했다.

　머릿속에 담아 두기만 하면 사라질 수 있으니

　무엇이든 나누는 것이 중요하다는 것을.

IQ160으로 14살 때 중학교를 중퇴하며

독학의 길을 선택했다.

집이 아닌 배움이 있는 곳이면

어디든 찾아가 호기심을 풀었다.

또한 독학을 선택했다면 더더욱 공동체나 모임에 참여해

혼자라는 느낌을 받지 않는 것이 중요하다고 생각했다.

인생 좌표를 찾기 위해

나는 대학의 여러 수업을 청강하기 시작했다.

철학 사상, 인터넷 네트워크에서부터 생각의 폭을 넓혀 나갔다.

그 후 10대에 회사를 여러 개 창업했고,

대만과 실리콘밸리에서 프로그래머로 성공을 거두었다.

애플과 옥스퍼드 대학 출판국의 고문을 맡기도 했지만,

나는 개인적 성공에 안주하지 않고 공공의 이익을 위해

무엇을 할 수 있을지 고민했다.

공공 데이터를 이용해 정부와 정책을 개선하는

'시빅 해커'로도 활동했다.

그리고 스물 네 살이 되던 해,

지금까지와는 다른 새로운 삶을 살기로 결심했다.

남성을 버리고 여성으로의 남은 여생을 선택했다.

2016년 세계 최초로 트랜스젠더 장관이 된 오드리 탕은

현재 대만의 디지털부 장관으로 행정 및 정치의 디지털화를

이끌고 있다.

대만 정치에서 새로운 가능성을

열어 가는 독특한 인물, 오드리 탕.

그녀는 현재 세계적인 관심의 대상으로 떠올랐다.

오드리 탕은 이 책을 통해

사고, 독서, 업무, 세상을 바라보는 방식 등

모든 면에서 마치 미래에서 온 사람처럼

투명하고 공개적인 방식으로 자신의 모든 것을 나눈다.

"내가 어른이 되고 나서 한 번도 하지 않은 일이 있다.
바로 다른 사람을 나보다 못하다고 생각하는 것이다.
IQ160은 그런 데 쓰라고 있는 것이 아니다."

오드리 탕

차례

하나의 정답을 암기하는 방식을 '퍼즐 맞추기'라는 개념으로
대체하는 것이 오드리 탕의 지식 체계를 구축하는 중요한 방식이다.
그는 프로그램을 만들어서 다양한 공간을 창조할 뿐만 아니라
사람들을 모아 이 공간에서 서로 돕게 하고, 그 역시도
다른 사람이 만든 공간에 능동적으로 참여해 함께 퍼즐을 맞춘다.

PART 1

천재의 생각법

: 협력하고 혁신하고 공유한다

NEW
THINKING

그는 어떻게
자신만의 지식 체계를 구축했을까?

1990년대 초, 국립정치대학 철학과 교수 란팅Timothy Joseph Lane은 논리학과 심리철학을 강의할 당시 청강하러 오던 16세 소년 오드리 탕에게 깊은 인상을 받았다.

현재는 타이베이 의학대학에서 정신의식 및 뇌과학 연구소 교수로 재직 중인 란팅은 당시 16살밖에 되지 않았던 한 소년이 여러 대학생들과 함께 교실에 앉아 자신의 수업을 청강할 때, 그에게서 아이의 수줍음 같은 것은 전혀 찾아볼 수 없었다고 기억했다.

당시 중학생이던 오드리 탕은 학교 교육에 만족하지 못했다. 하지만 그때는 아직 교육부에서 홈스쿨링 신청을 받지 않을 때였다. 오드리 탕이 중학교 2학년이 되었을 때 운 좋게도 그는 생각이 깨어 있는 교장 선생님을 만나 시험을 보는 날 외에는 학교에 나오지 않아도 된다는 허락을 받았다. 이렇게 오드리 탕은 독학으로 자신만의 지식 체계를 차근차근 구축할 수 있었다.

그는 당시 집에서 가깝다는 이유로 근처의 국립정치대학에 가서 철학과 관련된 수업을 청강했다. 그리고 그곳에서 훗날 그의 과학적·윤리적 사고에 아주 큰 영향을 끼친 사람을 만나게 되는데, 그 사람이 바로 란팅 교수다.

란팅은 당시 오드리 탕이 매우 능동적이었고, 수업이 끝난 이후에도 먼저 자신을 찾아와 이야기를 나눴으며, 철학이나 논리를 주제로 한 문제에 대한 가르침을 요청했다고 기억했다. 때로는 오드리 탕이 정치대학 도서관 앞에서 유유자적 피리를 부는 모습도 볼 수 있었다고 한다. 또 어느 날엔 수업이 끝난 뒤 오드리 탕이 비판적인 철학책을 추천해 줄 수 있는지 물었고, 란팅 교수는 당대의 저명한 과학철학자인 파울 파이어아벤트Paul Feyerabend의 『방법에 반대한다』(그린비, 2019)를 추천해 준 기억이 있다고 했다.

이 책에서 파이어아벤트는 일원적인 사고를 반대하고, 다원적인 교류를 장려하는데, 훗날 이것이 오드리 탕에게 지대한 영향을 미치게 된다.

파이어아벤트가 책을 통해 말한 것은 어렵지 않고 단순하다. "무엇이라도 좋다anything goes."라는 지침이다. 즉, 과학의 영역에서 그 무엇도 100% 확실한 것은 없으며, 오늘은 확실했던 것이 5년, 10년이 지나면 뒤집힐 가능성이 매우 크기 때문에 과거의 그 누가 세운 이성적 방법이라도 규범화해서는 안 된다는 것이다. 비록 란팅은 파울의 관점에 완전히 동의한 것은 아니었지만 이 책이 아주 훌륭한 철학책이라고 생각했다.

당시 오드리 탕은 중학생에 불과했지만 란팅은 한 번도 그를 어린아이라고 생각해 본 적이 없었고, 늘 어른과 똑같이 대했다. 지식을 교류할 때도 란팅은 '가르치는' 방식으로 접근하지 않았고, 끊임없이 토론하고 논증하면서 그의 학구열을 불러일으켰다.

란팅은 오드리 탕과 이야기를 나눈 날이면 집으로 돌아갈 때 늘

"이 세상에 정답은 없으며, 누구나 자신만의 모범 답안을 만들 수 있다."

기분이 좋았다고 말했다. 지식을 추구하는 오드리 탕의 모습이 자신의 어린 시절을 떠올리게 했기 때문이다. 그 역시 교과서를 싫어했고, 그의 부모도 그에게 꼭 학교에 가야 한다고 강요하지 않았다. 그래서 그는 책을 읽는 데 아무런 제약을 받지 않았고, 문학적인 지식에 관한 것이든, 이과적인 지식에 관한 것이든 모든 책을 다 읽을 수 있었다.

독학은 집에서만 공부하는 것이 아니다

그렇다면 파울 파이어아벤트의 『방법에 반대한다』라는 책은 오드리 탕에게 어떤 영향을 끼쳤을까? 14살의 그는 이미 더 이상 진학하지 않겠다는 마음을 먹었다. 비록 중학교 1, 2학년 때는 정해진 기간에 학교에 가서 시험을 치러야 했지만, 그는 사실상 이미 보통의 교육 체계에서 완전히 벗어나 독학의 길을 걸었다. 지능이 남들보다 우수했던 오드리 탕은 어렸을 때부터 천재 소리를 들었지만, 기존의 교육 체계에서 벗어나자 어디로 나가야 할지 방향을 명확하게 잡을 수 없었다. 그는 자신의 학창시절을 돌이켜 보며 만약 독학을 마음먹고자 한다면 "외로워지지 않는 것이 가장 중요하다."고 강조한다.

자신의 인생 좌표를 찾기 위해 오드리 탕은 대학에 가서 여러 수업을 청강하기 시작했다. 철학 사상을 듣거나 인터넷 네트워크에 적극 "독학이라고 하면 사람들은 집에서만 공부하는 것을 떠올리는데, 사실 독학하는 학생들은 더더욱 어떤 공동체나 활동에 참여해야 한다. 그래야 홀로 애쓴다는 느낌을 받지 않을 수 있다."

적으로 참여해 생각의 폭을 넓히는 데 집중했다. 그는 8, 9실부터 철학 수업을 들어 일찍이 철학적 사고 훈련을 시작했지만, 무엇보다도 청소년기에 만난 란팅 교수에게 받은 영향이 매우 컸다. 여기에 더해, 『방법에 반대한다』라는 책의 영향력 또한 만만치 않았다. 그의 곁에는 늘 인생에 자양분이 될 현인들이 곁을 지키고 있었다.

오드리 탕은 『방법에 반대한다』라는 책이 말하는 바는 사실상 과학철학에서의 아나키즘*이라고 말했다. 이 책은 단일화된 과학철학에 반대하고, 어떤 주장도 다 가능하다고 말하며, 과학적 영역 안에서 자기주장의 앞뒤를 맞출 수만 있다면, 꼭 어떤 체계나 시스템을 따라야 할 필요가 없다고 말한다. 즉, 체계를 반대하기 때문에 '방법에 반대한다'고 말할 수 있다는 것이다.

그 당시 오드리 탕은 란팅이 추천한 『방법에 반대한다』를 읽으면서 동시에 장딩궈張鼎國 교수가 강의하는 독일 철학자 한스 게오르그 가다머Hans Georg Gadamer의 『진리와 방법』(문학동네, 2012)을 포함한 다른 수업들을 듣기도 했다.

오드리 탕은 『진리와 방법』은 비교적 웅장한 사상 체계에 관해 이야기하고 있어, 『방법에 반대한다』와는 완전히 상반되는 내용이라고 밝힌다. 『진리와 방법』에서는 저서가 없더라도 우리가 누군가의 글을 보면 서서히 당시 그의 관점에 접근할 수 있듯이 관점은 서

---

* 아나키즘(Anarchism) : 모든 제도화된 정치조직·권력·사회적 권위를 부정하는 사상.

로 융합될 수 있다는 개념을 말하고 있다. 이 유명한 서양철학 고전에서 가다머는 우리가 본 것들과 우리가 최선을 다해 입장을 바꿔 상대방이 본 것에 대해 생각하는 것이 결국엔 서서히 융합될 것이라고 강조했다. 이 과정을 '지평의 융합fusion of horizons'이라고 부른다. 하지만 『방법에 반대한다』에서는 우리가 어떤 관점에 접근할 필요가 없다고 말한다. 어차피 내가 무언가가 쓸모 있다고 생각하면 쓸모 있는 것이기 때문에 하나의 관점에 근거해서 판단할 필요가 없다.

오드리 탕은 파울의 『방법에 반대한다』와 가다머의 『진리와 방법』 모두, 위에서 아래로 내려오는 체계를 반대하며, 사람들이 공동체 안에서 각자 할 일을 하되 서로 소통하고 끊임없이 토론하며 함께 말의 앞뒤를 맞추어 일종의 집단 관계를 구축해야 함을 이야기하고 있다고 강조했다.

이러한 철학적 개념에 대한 깨달음은 청소년기의 오드리 탕에게 엄청난 자양분이 되었고, 당시 하나의 모범 답안을 가르치는 교육 체계 속에서 성장하던 소년에게 이 세상에 정답은 없으며, '누구나 자신만의 모범 답안을 만들 수 있다'라는 사실을 일깨워 주었다.

이를 통해 그는 '무언가를 깨닫는 것에 대한 책임을 개인에게 두지 않는 것'에 대해서도 이해하게 되었다. 앞으로 새로운 도전에 직면했을 때 혼자 감당하거나 혼자 힘으로 해결해야 한다는 부담을 갖지 않아도 된다는 말이다. 이는 어떤 문제가 생겼을 때 함께 브레인스토밍하고, 함께 책임을 감당하며, 공동 창조와 공동 작업을 통해 혼자서 성공하기보다는 여럿의 힘으로 해결책을 찾는 것에 집중한다는 생각이다. 이것은 지금의 인터넷 커뮤니티 기능과 일맥상통하는 부분이 있다.

선형 교육의 굴레에서 벗어나야 하는 이유

왜 독학하는 사람에게 '무언가를 깨닫는 것에 대한 책임을 개인에게 두지 않는 것'이 중요할까?

대만에서는 해를 거듭할수록 독학하는 사람들이 늘어나 2019년에는 이미 그 수가 8천 명을 넘어섰다. 대만에서 가장 유명하고 가장 일찍 독학의 길을 개척한 오드리 탕은 독학생들이 가장 먼저 극복해야 하는 것은 바로 앞서 언급했듯이 '외로움'이라는 감정이라고 말한다.

인생의 좌표를 탐색할 때 서로를 응원해 줄 공동체를 찾지 못하면 사고적 측면에서도 여러 가지를 종합적으로 고려하기가 힘들다. 오롯이 혼자의 힘으로 공부를 한다면 사고의 폭이 개인의 경험으로 국한되고, 사고의 깊이도 제한적일 수밖에 없기 때문이다.

오드리 탕은 14살에 일반적인 교육 체계에서 벗어난 뒤, 대학에서 청강하는 것 외에도 카페에서 정기적으로 프로그래밍을 좋아하는 사람들과 모임을 하거나 온라인상에서 프로그래밍 언어를 연구하는 세계적인 커뮤니티 '펄Perl'에 가입해 활동하기도 했다. 이런 커뮤니티를 통해 그는 국경을 뛰어넘어 세계 각국의 프로그래밍 언어 고수들을 만날 수 있었다. 더 중요한 것은 함께 무언가를 창작할 공동체가 생김으로써 매일 신나는 마음으로 아침에 눈을 뜰 수 있다는 점이었다. 그는 매일 자신의 능력을 조금씩이나마 세상에 기여할 수 있었고, 오늘 자신이 해결 방법을 생각해 내지 못했다고 해도, 공동체의 여러 사람이 계속 생각하고 있을 것이라는 든든함을 느낄 수 있었다. 또한 만약 다른 사람이 방법을 생각해 내면 그는 자신이 기여할 또 다른 부분이 있는지 생각해 볼 수 있었다.

이렇듯 공동체를 통해 구성원 모두가 자신의 능력을 발휘하고 서로의 능력을 접목하여 더 나은 결과를 만들어냈다.

"다른 측면에서 보면 영웅에 대한 환상을 깨부수는 것이다. 꼭 뛰어난 재능이 있어야만, 특정 영역에 기여할 수 있는 것은 아니다."

오드리 탕은 공동 창작이 경쟁을 대신한다는 관점을 바탕으로 자신이 선형 교육의 굴레를 완벽히 벗어날 수 있었다고 말했다.

초등학교 2학년 때, 영재반에서 늘 1등을 하던 오드리 탕은 다른 아이들이 자신의 시험지를 커닝하지 못하도록 다 쓴 시험지를 들고 아이들에게 쫓기다가 결국엔 발로 세게 차여 기절한 적이 있었다. 당시 그는 시험 점수를 아주 중요하게 생각했다. 하지만 중학교 2학년이 됐을 때, 성적에 관한 그의 생각은 180도 바뀌었다. 시험 때 백지를 내는가 하면 등수 경쟁도 하지 않았다. 그가 다니던 영재반 학생들은 연합고사(입학시험) 없이 평소 내신 성적을 근거로만 고등학교에 진학할 수 있었다. 그래서 그는 자신이 고득점을 받아 다른 친구들이 가고자 하는 고등학교에 가는 것을 방해하지 않으려고 일부러 백지를 내기도 했다.

오드리 탕은 초등학교 2학년부터 중학교 2학년까지, 7년 동안 초등학교만 여섯 곳을 옮겨 다녔다. 그중 독일에서도 1년간 학교에 다니며 서양 교육을 받았는데, 그사이 점수에 관한 생각이 완전히 바뀌었다. 전통적인 선형 교육은 공장의 생산 라인처럼 반드시 정해진 시간에 순서대로 정해진 공부를 해야 하는데, 이는 그에게 적합하지 않았다. 그는 9살 때 부모를 따라 독일에서 1년간 학교에 다닐 때도 우수한 성적을 받아 담임 선생님이 명문 학교에 들어갈 것을 추천했지만 이를 거절했다. 선형 교육 체계 속에서 자신에게 적합한 학교는 없으리라 생각했기 때문이다.

오드리 탕은 '1등, 2등과 같은 등수 압박이 없어야 자신의 방향을 찾을 수 있다'고 말한다. 등수라는 것은 다른 사람들이 매기는 것이고, 이는 곧 다른 사람이 제시한 방향으로 걸어가는 것과 같다.

오드리 탕이 홈스쿨링을 하던 중학생 시절, 그는 '왜 사람들은 온라인상의 정보를 쉽게 믿는지'에 깊은 관심을 갖게 되었다. 하지만 이런 연구 주제나 그가 참가했던 과학 전시회에서 정한 주제 같은 것들은 고등학교는 물론 대학에서도 연구하지 않는 것들이었다. 이는 완전히 그의 개인적인 흥미에서 비롯된 자발적인 탐구였다.

독학을 시작한 오드리 탕이 철학 사상만 접한 건 아니었다. 1990년대는 인터넷과 전 세계적인 정보 네트워크의 바람이 불기 시작한 때였으므로 엄청난 양의 지식이 오프라인에서 온라인으로 물 밀듯이 밀려 들어와 사람들을 혼미하게 만들었다. 그는 인터넷의 큰 장점이 실명으로든 익명으로든 그 세계 속 어느 한쪽 구석에서라도 자신과 뜻이 맞는 사람을 찾을 수 있다는 점이라고 말했다. 독학하는 사람이 어떤 한 주제에 관심 사항이 있어서 그것에 관해 어떤 조직이나 공동체를 만들고 싶을 때 인터넷은 아주 좋은 공간을 제공하고 생각을 실현할 수 있게 해 준다.

독학하는 사람에게는 외로움을 극복하고, 뜻이 통하는 공동체를 찾는 것 외에 많은 정보 속에서 어떻게 자신의 지식 체계를 구축하는지도 매우 중요하다.

2020년 오드리 탕과 온라인에서 각자의 생각들을 나눌 때 일과 과학 기술의 미래에 대해 독특한 견해를 제시했던 신예 역사학자 유발 하라리Yuval Noah Harari는 『21세기를 위한 21가지 제언』(김영사, 2018)이라는 책의 머리말 첫 문장에서 이렇게 말했다.

"하찮은 정보들이 범람하는 세상에서는 '명료함'이 힘이다."

왜 명료한 견해가 그렇게 중요할까? 하라리는 우리가 마주하는 세상에는 지금까지는 없었던 수많은 시련과 과도하고 잘못된 정보들이 존재해 사람들이 선택을 오도하기 쉽다고 봤다. 시야를 선명하게 유지하기가 매우 어려워진 것이다. 특히 주입식 교육은 동서양을 막론하고 여전히 현대 교육의 아주 큰 단점으로 남아 있다. 서양에서 자유주의 교육이념을 강조하고 학생들이 스스로 생각하도록 장려한다고 해도, 대량의 자료를 제공하고 학생들이 자유롭게 이를 소화하게 한 뒤 체계적인 세계관을 구축하길 바라는 것도 사실 주입식 교육이기 때문이다.

과거 산업혁명 시대에 주입식 교육은 마치 공장의 생산 라인처럼 지식을 연속적으로 전달하고 축적한 뒤 이를 사용해 어떤 작업을 할 수 있도록 설계되었다. 하지만 오늘날 인류는 기후 위기, 스마트 기기, 빅데이터, 유전공학, 알고리즘 등 전에 없던 과제와 직면하고 있다. 과거의 지식을 축적하기만 해서는 새로운 문제를 해결할 수 없다. 현 사회에 살고 있는 사람들은 나이를 막론하고 반드시 끊임없이 공부하고 미래에 대한 자신의 인식을 재정립해야 한다.

"이런 세상에서 순풍에 돛 단 듯 살아가려면, 활발한 태도와 극도로 균형 잡힌 감정이 필요하다."

이는 오드리 탕이 이 세상을 이해할 때나 지식 체계를 구축할 때 유지하는 마음가짐을 적절히 설명한 말이라 할 수 있다.

개인의 능력만으로
문제를 해결할 수 없는 세상이 도래하다

1981년생의 오드리 탕이 자라난 시대는 마이클 샌델
Michael J. Sandel이 말한 것처럼 '능력이 최고'라고 생각하
는 능력주의(엘리트주의)가 만연하기 시작한 시대였다

『정의란 무엇인가』(와이즈베리, 2014)라는 책으로 전 세계적인
주목을 받은 당대 가장 유명한 철학자이자 하버드대학 정치철학과
교수인 마이클 샌델은 2020년 코로나19 시기에 쓴 『공정하다는 착
각』(와이즈베리, 2020)에서 엘리트 교육이 현대 사회에 해를 끼치
고 있다고 지적했다. 이 책에서 마이클 샌델은 1980년도부터 하버
드대학에서 정치철학을 가르치기 시작했는데 해가 갈수록 많은 학
생이 자신들이 성공적으로 하버드대학에 입학한 것은 모두 자신의
노력의 결과이고, '운'과는 전혀 관련이 없다고 생각한다는 것을 알

게 되었다고 말했다.

이런 현상이 미국에서만 일어나는 것은 아니었다. 이후 샌델이 여러 나라에 가서 강연하면서도 '성공 여부는 나에게 달렸다'는 보편적인 심리를 강하게 느낄 수 있었다. 사람들은 노력만 하면 성공할 수 있다고 생각하고, 실패했다면 그것은 개인이 노력하지 않았기 때문이라고 생각했다. 엘리트주의는 학생들을 점수 경쟁으로 내모나라 '지식에 대한 호기심보다는 오로지 점수에 관심을 두게' 만든다. 또한 학력 전쟁에서 승패를 겨루느라 자신이 누구인지, 인생에서 무엇을 주목해야 하는지를 진지하게 생각하고 탐구할 시간을 주지 않는다.

"내가 어른이 되고 나서 한 번도 하지 않은 일이 있다. 바로 다른 사람을 나보다 못하다고 생각하는 것이다. IQ160은 그런 데 쓰라고 있는 것이 아니다."

인생의 퍼즐 조각에는 등수는 없다

샌델이 지적한 엘리트 교육이 불러온 또 다른 문제점은 바로 끊임없이 시험을 보고 순위 매김과 선별을 당해 어쩔 수 없이 죽기 살기로 싸워낸 젊은 학생들에게 '완벽주의 후유증'이 생기게 한다는 점이다. 그들은 끊임없이 자신을 닦달해 높은 성과를 얻어 자신의 가치를 인정받으려고 한다. 하지만 그럴수록 성신적으로는 우울감이 높아간다. 이것이 바로 지난 수십 년간 전 세계 청소년 우울증 비율이 계속 상승한 이유이다. 또한 이게 바로 오드리 탕이 초등학생 때 다른 학생들에게 따돌림을 당하면서 느꼈던 현실이다. 아이들은 모두 등수를 두고 경쟁하느라 인생에 대한 호기심을 잃어가고 있다.

오드리 탕은 막 학교에서 벗어났을 때만 해도 약간의 승부욕이 남아 있었다. 예를 들어, 당시 그는 '매직 더 개더링'이라는 카드 게임을 무척 좋아했는데, 이 게임에도 등수가 있었다. 그는 대만에서 점수가 가장 높은 플레이어였을 뿐만 아니라 대만을 대표해 일본에서 열린 세계 대회에도 출전했고, 거기서 8강까지 진출했다. 하지만 나중에 이런 방식의 경쟁에도 싫증을 느껴 더 이상 계속하지 않았다.

그는 독학을 하면서 자신을 기쁘게 하는 것은 외재적 성과가 아니라는 점을 분명히 깨달았다. 그보다는 다양한 공동체에 참가하여 다른 사람들과 함께 하나의 주제에 관해 연구하면서 더 많이 기여할수록 자신의 존재 가치를 더 깊이 느꼈다.

오드리 탕은 사람들이 평소 교육에 대해 이야기할 때 항상 자신에게 정답이 있는지에 집중하는 것 같다고 생각했다. 이는 사람들이 정답에 대한 독점욕이 있기 때문이다. 하지만 우리가 마주하는 세상은 끊임없이 새로운 상황이 생겨나고, 이는 전통적인 지식 체계에는 없었던 것이거나 그에 적용해 해결할 수 없는 것들이다. 이는 끊임없는 토론과 이해를 통해서만 해결할 수 있다. 정답 같은 건 없다. 사람들은 모두 각각의 퍼즐 조각과 같다. 퍼즐을 맞출 때 "나는 1등이고, 쟤는 2등, 3등이야."라는 경쟁의 개념을 논하는 사람은 없을 것이다. 그저 '다 같이 잘 맞춰 보자'고 생각할 뿐이다.

함께 퍼즐 조각을 잘 맞춰 보자는 개념을 지식의 측면에 적용해 보면 이렇다. 모든 사람이 똑같은 것을 100% 정확하게 외우는 것은 중요하지 않다. 개개인의 주장과 경험이야말로 매우 소중하고 그 무엇과도 바꿀 수 없다. 지금은 과학 기술의 시대로, 외우는 것은 컴퓨터가 대신할 수 있다. 하지만 끊임없이 발생하는 새로운 도전 상황은 컴퓨터도 해결할 수 없고, 오로지 인간의 창의적인 생각과 협력에 의해서만 가능하다.

하나의 정답을 암기하는 방식을 '퍼즐 맞추기'라는 개념으로 대체하는 것이 오드리 탕의 지식 체계를 구축하는 중요한 방식이다. 그는 프로그램을 만들어서 다양한 공간을 창조할 뿐만 아니라 사람들을 모아 이 공간에서 서로 돕게 하고, 그 역시도 다른 사람이 만든 공간에 능동적으로 참여해 함께 퍼즐을 맞춘다. 이처럼 '무언가를 깨닫는 것에 대한 책임을 개인에게 두지 않는' 학습 방식은 어떤 새로운 도전을 맞닥뜨리더라도 개인에게 그 무거운 책임을 지고 있다는 느낌, 혼자서 해결해야 한다는 느낌을 주지 않는다. 또한 마이클 샌델이 말했던 완벽주의 후유증에 빠져 반드시 내가 해결해야 한다는 오만에 빠지지 않게 한다는 장점이 있다. 우리의 세계는 이미 개인의 능력만으로 모든 문제를 해결할 수 있는 수준을 넘어섰기 때문이다.

깊은 사고는
언제나 독서에 답이 있다

레슬라의 일론 머스크Elon Musk부터 페이스북의 마크
저커버그Mark Zuckerberg까지, 왜 그들은 모두 SF소설을
추천할까? 아이작 아시모프Isaac Asimov의 SF소설부터
각종 고전에 이르기까지, 독서는 과연 오드리 탕에게
어떤 사고력을 가져다주었을까?

많은 유명인이 SF소설을 좋아하는데 오드리 탕도 예외가 아니다.
어린 시절, 오드리 탕의 독서량은 보통 아이들보다 훨씬 많았다. 초
등학교를 여섯 번 옮겨 다니면서 중간에 학교를 쉬는 기간도 있었
고, 일주일에 며칠만 등교하는 시기도 있었는데, 남는 시간에는 거
의 항상 책을 읽었다. 독서를 통해 그는 따돌림의 그늘에서 벗어날
수 있었고, 심리학 관련 책들을 읽으며 아이들이 자신을 따돌리는
것은 그들이 다른 사람과 자신을 비교함으로써 자신감을 얻고, 만

약 상대적으로 자신이 월등하다고 느끼지 못하면 초조함을 느끼기 때문이라는 점을 알게 되었다. 그는 당시에 책을 읽으며 자신을 돌보지 않았다면, 아마 인간관계 속 불편한 감정에 빠져 허우적거렸을 것이라고 말했다.

그는 다양한 분야의 책 중에서도 특히 SF소설을 좋아했다. 만약 누군가가 그에게 미래에 대해 어떻게 생각하는지 묻는다면 이렇게 답할 것이다. "SF소설을 읽어 보세요."

미래를 알고 싶다면 SF소설을 읽어라

SF소설과 미래는 어떤 관련이 있을까? 사실 과학 기술계의 두 거물 창업가인 일론 머스크와 마크 저커버그도 SF소설을 매우 사랑한다. 전기자동차 회사 테슬라와 우주 탐사 회사 스페이스X의 설립자 일론 머스크는 어린 시절부터 SF소설을 매우 좋아했다. 그는 〈더 뉴요커〉와의 인터뷰에서 8살 때 부모님이 이혼하고 어머니가 사업하느라 바빠서 어린 시절 대부분의 시간을 혼자 보냈는데, 그때 자기 옆에 함께 있어 준 것이 바로 『반지의 제왕』(아르테, 2021)과 『파운데이션』(황금가지, 2013)이었다고 말했다. 특히 한 은하 제국이 붕괴하면서 찾아온 암흑시대에 관한 이야기를 다룬, SF 문단의 거장 아이작 아시모프의 고전 SF소설 『파운데이션』 시리즈 같은 작품들은 그가 훗날 우주를 탐구하는 동력이 되었고, 평생 SF소설의 열렬한 팬이 되는 계기가 되었다.

머스크는 심지어 자신이 좋아하던 SF소설가 고(故)이언 뱅크스(Iain M. Banks)의 작품 『게임의 명수』(열린책들, 2011)에 나오는 두 대의 우주선 이름으로 스페이스X의 무인 우주선 이름을 지었고, 페이스북 설립자 마크 저커버그도 자신이 선정한 올해의 책에서 뱅크스의 작품을 추천했다.

오드리 탕은 한 언론 인터뷰에서 청소년들이 SF소설을 읽는 것에 대해 어떻게 생각하느냐고 묻자, "SF소설은 늘 미래 세계에서 어떻게 더불어 살아야 하는지를 알려 준다."라고 말했다.

초등학교 2학년 때, 아이들의 따돌림 때문에 잠시 학교를 쉬었을 때 그는 어머니의 도움으로 '애벌레 철학 교실'에 다녔다. 아동 철학을 널리 알린 양마오슈 선생님이 만든 애벌레 철학 교실에서 선생님의 역할은 그저 아이들이 어떤 주제를 가지고 함께 토론할지, 이를 어떤 방식으로 이해할지 정하게 도와주는 것뿐이었다. 오드리 탕은 비판적 사고부터 배려하는 사고, 창조적 사고에 이르는 모든 사고방식을 애벌레 철학 교실에서 배웠다.

그때 만난 또 다른 선생님으로 대만대학 수학과 교수인 주젠정(朱建正)이 있었는데, 그는 대만의 유명한 수학 교육자였다. 그는 오드리 탕이 물리학과 수학을 더 심도 있게 공부하게 해 주었을 뿐만 아

니라 9살이던 오드리 탕에게 아시모프의 SF소설을 추천한 사람이
기도 했다. 아시모프는 러시아에서 태어나 미국에서 자란 SF소설가
로, 전 세계 SF소설 팬들의 마음속에 확고하게 자리를 잡은 사람이
다. 20세기 서양 최고의 SF소설가 중 한 명인 아시모프는 평생 총
400여 권이 넘는 소설을 출간했고, 그중 『파운데이션』이나 『로봇』
(현대정보문화사, 2001) 시리즈가 가장 유명하다.

   오드리 탕이 어렸을 때는 아직 인터넷이 널리 퍼지기 전이었다.
따라서 아시모프의 SF소설에서 언급된 음성 입력법과 같은 과학 기
술은 그에게 엄청난 충격으로 다가왔다. 그는 SF소설가들이 과학
기술이 가져올 미래의 변화를 소설에 미리 써놨다고 말했다. 이는
최근 유럽과 미국에서 인기를 끈 드라마 〈블랙 미러Black Mirror〉의
경우도 마찬가지다. 영화의 내러티브를 통해 과학 기술의 발전이
결국 인류에게 어떤 병폐와 발전을 가져다줄지 탐구할 수 있는 것
이다. 예를 들면, 인터넷 커뮤니티의 발전이 어떻게 오프라인에서
사람들의 실생활에 영향을 끼치는지 알 수 있다.
   아시모프의 소설에서는 사람들이 처음에는 인간의 번영을 위해
로봇을 발명하지만, 로봇이 스스로 의식을 가지면서, 심지어 자신
이 인간보다 낫다고 생각하면서 인간을 위해서 시작했던 처음의 목
표와 어긋나는 행동을 벌이는 상황이 묘사된다. 아시모프의 많은

36

소설이 바로 이런 내용을 주된 스토리라인으로 잡고, 주변 인물들이나 묘사는 모두 이 이야기를 하기 위해 등장한다.

어린 오드리 탕은 아시모프가 쓴 과학 기술 윤리에 관한 생각을 접한 뒤 큰 영향을 받았다. 그리고 과학이든 기술이든 항상 좋은 것만은 아니며, 당시에는 문제점을 알 수 없고 몇 세대가 지나고 나서야 이를 알아차릴 수 있다는 것을 깨달았다. 사람들이 과학 기술 도구를 연구하고 발명하는 것은 대부분 당연히 다음 세대를 망치기 위해서가 아니라 자신이나 타인에게 도움을 주기 위해서이지만 말이다.

SF소설 속 과학 기술이 몰고 오는 사회 변화를 보면서 오드리 탕은 새로운 기술을 개발할 때 윤리적 측면을 반드시 고려해야 한다는 점을 깨닫게 된다. 예를 들어, 다리를 건설할 때 자재도 충분히 사용하지 않고 공들여 짓지도 않는다면, 그 다리가 지금 당장은 무너지지 않아도 다음 세대의 행복을 위협할 것이기 때문이다.

"SF소설은 늘 미래 세계에서 더불어 사는 방법을 알려 준다.

아시모프의 소설 속 시간 배경은 수백 년 혹은 수천 년에 걸쳐 매우 긴 것이 특징이다. 이는 독자들에게 다음과 깊은 가르침을 주기 위함이다.

　수많은 도구의 발명이 모두 당장을 위한 것이고, 다음 세대에도 쓰일 것이라는 보장은 없어 연구 개발 단계에서는 당장의 쓰임에만 집중한다. 하지만, 실은 '당장 사용'한다는 첫 목적과 달리, 세월이 지나고 점점 그 도구를 사용하는 데 익숙해지고, 결국 이를 습관적으로 계속 사용하게 된다. 어차피 작년에도 그렇게 사용한 것이니 올해도, 내년에도 계속 사용하는 것이다. '당장 사용'한다는 당시의 설계 목적을 벗어나 후대의 사람들이 그 도구를 계속 사용하면서 이는 사회에 잠재적 위험 요소가 되고, 문제를 해결하기 위해 발명되었던 초기 목적과도 어긋나게 된다.

　"윤리적으로 사고한다면, 우리가 새로운 과학 기술 도구를 발명할 때, 다음 세대에 해가 되는 방식을 선택해서는 안 된다는 것을 알 수 있다."

　오드리 탕은 이를 좀 더 자세히 설명하기 위해 프레온 가스(오존층을 파괴하는 주범)를 예로 들었다. 이는 처음에는 좋은 발명이었지만, 시간이 지나고 이것이 후대의 자손들에게 자외선 문제를 일으킬 수 있다는 사실을 알게 되었다. 사람들이 늦게나마 이런 문제를 발견했기 때문에 이를 빠르게 보완하기 시작했지만, 만약 후대에 대한 고려가 전혀 없었다면 지금은 이미 손을 쓸 수 없는 지경에 이르렀을지도 모른다.

SF소설은 소설가가 가상의 시공간에서 미래에 대한 수많은 상상을 펼쳐 만들어낸 허구의 이야기다. 하지만 기후 변화, 지구 온난화 등과 같이 현재 인류가 겪고 있는 현실 세계 문제에 적용해 볼 수 있다. 처음에는 문명의 발전을 추구하기 위해서 발명한 각종 신기술이 훗날 지구의 온난화를 초래했고, 이미 해결하기 어려운 지경에 이르렀으며, 후대의 자손들에게 영향을 끼쳤고, 현 시대 사람들이 머리를 맞댄다고 해도 온난화 현상의 폐해를 막을 수는 없다. 그저 어떻게 이 상황에 적응할지 생각해 볼 수밖에 없는 것이다. 이것이 바로 아시모프의 소설이 사람들에게 주는 무서운 경고이다.

오드리 탕은 또 다른 예로 쿠키Cookie의 기술을 들었다. 이 기술이 발명되면서 수많은 웹사이트가 사용자의 웹브라우저를 쉽게 추적할 수 있게 되었다. 사용자가 웹사이트에서 어떤 데이터에 엑세스할 때, 쿠키도 사용자의 웹브라우저에서 데이터에 엑세스할 수 있고, 엑세스한 데이터는 다른 사이트의 광고주들도 모두 볼 수 있게 되었다. 이렇게 쿠키는 상업적인 목적을 가진 사람들에게 아주 쉽게 사용자들의 행동 패턴을 판매하는 도구로 전락하게 된 것이다.

하지만 처음에 쿠키를 발명할 때의 목적은 이것이 아니었다. 사용자가 웹사이트에 로그인하는 간단한 문제를 해결하기 위해 발명된 것이었지만, 발명할 당시에 쿠키의 기능에 대해 제대로 고민하지 않았고, 결국 본래 목적 외의 수많은 다른 사용법이 생겨났다.

예를 들어, 훗날 구글이 더블클릭DoubleClick(인터넷 광고 서비스 회사)을 사들인 뒤 모든 영업 가치가 이 잘못된 쿠키 사용에 기반한다는 것을 알았지만, 당시 구글 역시 이미 크롬Chrome이라는 웹브라우저의 주요 개발자였기 때문에 자신의 발등을 자기가 찍을 순 없었다. 크롬이라는 웹브라우저에서 쿠키를 없앤다면 스스로 자신의 경제적 주 수입원을 없애는 꼴이니 구글은 당연히 그런 결정을 내리기 어려웠다.

상황이 그래도 너무 나쁘지만은 않았던 것은 인터넷상에 크롬이라는 웹브라우저만 있는 것은 아니었고, 사파리Safari나 파이어폭스Firefox 같은 웹브라우저들이 이에 저항하기 시작했다. 결국 크롬 역시 프라이버시를 보호할 방법을 생각하기 시작했다. 하지만 이미 많은 시간이 흘렀고, 대부분의 개발자가 이미 쿠키에 적응된 상태였다. 결국 쿠키라는 기술이 처음 발명되었을 때 생긴 허점을 보완하는 데 1994년부터 2014년까지 장장 20년에 걸쳐 수많은 사람의 노력이 필요했다.

이것이 바로 아시모프의 SF소설에서 말한 과학 기술에 윤리적 사고가 필요한 이유다. 어떤 기술이나 물건을 발명할 때 시대의 요구에 부응해야 할 뿐만 아니라 20년 후 혹은 더 먼 미래에 인류 사회에 미칠 영향에 대해 생각해 봐야 한다는 것이다.

오드리 탕은 "나의 창조는 당신의 창조를 완전히 박탈하기 위해서가 아니라 당신의 다음 창조를 더 쉽게 하기 위해서 이루어져야 한다."라고 강조했다.

테드 창의 소설 속 SF와
철학적 사고의 융합

어린 시절에 접한 아시모프의 SF소설을 통해 오드리 탕은 과학 기술의 윤리성이 얼마나 중요한지 깨달았다. 최근 몇 년 동안, 오드리 탕은 사람들에게 유명한 중국계 SF소설가인 테드 창Ted Chiang의 『당신 인생의 이야기』(엘리, 2020)와 『숨』(엘리, 2019)을 추천했다.

아시모프가 20세기에 가장 유명한 SF소설가 중 한 사람이라면, 21세기에 가장 유명한 SF소설가 중 한 사람은 바로 테드 창이다. 그는 미국에서 태어난 중국인으로, 1990년에 첫 번째 단편소설인 「바빌론의 탑」을 발표한 뒤 미국 SF소설계에서 가장 권위 있는 상으로 꼽히는 '네뷸러상'을 수상했다. 그 후 30년 동안 그는 중단편소설만을 발표하며 세계적으로 권위 있는 SF소설계 상들을 휩쓸었다. 2017년에 아카데미 시상식에서 작품상 등 8개 부문에 노미네이트된 영화 〈컨택트(원제: Arrival)〉도 그의 단편소설 「당신 인생의 이야기」를 원작으로 한 작품이다. 오드리 탕은 테드 창의 SF소설에는 전통적인 하드 SF에서의 설교 방식이 없어 편하게 읽을 수 있다고 말했다.

단편소설 「당신 인생의 이야기」의 내용은 다음과 같다. 어느 날 갑자기 하늘에서 외계 비행체가 나타났는데, 그들이 지구에 온 목적을 알아내기 위해 미군은 언어학자 루이스 뱅크스 박사를 통해 외계인과 소통하려 했다. 외계인들은 원통 모양의 몸통에 일곱 개의 다리를 가지고 있어 '헵타포드'라고 불렸다.

처음에는 그들의 언어를 이해할 수 없어 소통이 불가능했다. 특히 외계인의 언어는 인간의 언어 표현 방식과는 완전히 다른 복잡한 기호 덩어리와 같아서 조금만 방향이 틀어져도 다른 의미를 나타냈다. 인간이 사용하는 언어가 가로와 세로로 이뤄진 평면에 나타내는 2차원적 언어라면, 외계인의 언어는 그보다 한 단계 높은 가로와 세로, 높이로 이뤄진 입체적인 공간에 나타내는 3차원적 언어였다. 루이스는 이런 언어를 사용하는 외계인은 자신이 어떤 말을 하기 전부터 그로 인해 발생할 미래에 대해 알고 있다는 사실을 발견했다. 루이스가 외계인의 언어를 연구하는 과정에서 그들의 3

차원적 언어를 이해하게 되면서, 점차 미래의 일을 미리 알 수 있는 능력도 생겨났고, 자신의 인생도 내다볼 수 있게 되었다. 자신의 미래를 알게 되었다고 해도 이는 운명이기 때문에 바꿀 수 있는 것은 없었다. 의식적으로 끊임없이 일어나고 다가오는 미래를 그저 지켜볼 뿐이다.

테드 창의 SF소설은 과연 오드리 탕에게 어떤 영감과 생각을 가져다주었을까? 오드리 탕은 우리가 평소엔 무의식적으로 숨을 쉬지만, 만약 지금 잠시 숨을 멈췄다가 깊게 숨을 들이마시고 내쉰다면 이 호흡은 의식적이 되는 것과 같다고 말했다. 다만 이제 깊게 숨을 쉬리라는 것을 의식한다고 해도 이에 저항하여 숨을 쉬지 않기로 결정하진 않는다. 그저 의식적으로 숨을 쉬는 행위를 느낄 뿐이다. 이는 어차피 일어날 것이고 일어나지 않게 할 수 없기 때문이다.

「당신 인생의 이야기」에서의 자유의지와 운명론은 서로 모순되는 개념이 아니다. 둘의 차이는 그저 그것의 발생을 충분히 느끼느냐다. 앞서 언급한 숨 쉬는 행위처럼 충분히 느낀다는 것은 의식적으로, 의지를 다지고 숨을 쉬는 것이지 운명을 거스르기 위해서 숨을 쉬지 않는 것이 아니다. 의식적으로 호흡하거나 생활한다는 것은 겉보기에는 자신이 주도하는 것처럼 보이지만 객관적으로 보면 의식 없이 숨을 쉬는 것과 별반 차이가 없다. 어차피 모두 숨을 쉬려는 것이기 때문이다. 이 책에서 여자 주인공이 미래를 볼 수 있든 없든 결과는 달라지지 않고, 그저 그녀가 미래에 어떤 일이 일어날지 알고 있다는 차이만 있을 뿐인 것처럼 말이다.

오드리 탕은 또 다른 단편소설 「우리가 해야 할 일」도 매우 흥미롭게 읽었다. 이 이야기는 자동차 스마트키 정도 크기의 '예측기'를 통해 사람에게 과연 자유의지가 있는가, 아니면 모든 것이 운명에 의해 결정되는가에 관해 이야기한다.

이 예측기에는 초록색 LED 불빛이 켜지는 버튼 한 개밖에 달려 있지 않다. 재밌는 점은 버튼을 누르기 1초 전에 불빛이 켜진다는 것이다. 만약 버튼을 누르지 않겠다고 마음먹으면 불빛도 미리 켜지지 않겠지만, 자신이 곧 버튼을 누르리라는 것을 인식하고 있다면 버튼에 손이 닿기 1초 전에 불은 켜질 것이다. 예측기에 '역시간 지연' 기능이 있어서 누군가 버튼을 누르면 시간을 역으로 1초 거슬러 불을 밝히는 것이다. 오드리 탕은 이 기계가 세상을 바꾸거나 한 것은 없지만 사람들에게 진정한 자유의지란 없다는 것을 명확하게 일깨워 주었다고 말했다. 소위 '자유의지'라는 것은 그저 의식적으로 그 버튼을 누르는 것뿐이지 불이 들어온 뒤에 누르지 않기로 결정할 순 없다는 것이다. 그런 결과는 애초에 나올 수 없기 때문이다. 불이 들어왔다는 것이 이미 하나의 결과이고, 1초 뒤에 당신이 반드시 버튼을 누를 것이라는 뜻이기 때문이다.

오드리 탕은 '자유의지'라는 것은 사람들이 붙인 이름이지만 이를 부정할 수도 없다고 말했다. 그것은 사람의 머릿속에 존재하고 다른 사람이 들여다볼 수 없는 것이기 때문이다. 하지만 테드 창은 머릿속 회로를 밖으로 꺼내 구체화한 뒤 사람들에게 사실 자유의지란 없다는 것을 알려 주었다. 그가 사용한 비유법은 상당히 교묘했다. 설정을 바꿔 보는 아주 간단한 방법으로 뇌 신경 과학을 명확하게 설명하고 자유의지로 하지 않을 수 있는 일이 없다는 것을 이해시키면서 우리 자신을 더욱 이해할 수 있게 했다.

이것이 바로 테드 창의 소설이 비록 모두 짧은 단편이지만, SF와 철학적 사고의 융합을 통해 각각의 단편 모두 독자에게 큰 울림을 줄 수 있었던 이유이다. 아시모프와 다른 점이라면, 테드 창은 발명가가 아니기 때문에 사람들에게 이것을 하면 어떻게 되고, 저것을 하면 어떻게 될지를 알려 줄 수는 없었다. 다만, 소설 속 상황을 통해서 사람들이 배우기만 하고 연구하지 않았던 것들을 다루면서 이를 소홀하게 생각하지 말아야 한다고 이야기하고 있다.

테드 창의 또 다른 단편소설 「이해」에서는 평범한 사람이 연구 개발 중인 약물을 투여받은 뒤 초월적 지능을 가지면서 세상의 모든 일이 지닌 의미와 질서를 깨닫고, 무엇이든 엄청난 속도로 습득하게 된다. 그렇게 그의 지능이 끊임없이 무한대로 발전하고 있을 때, 작가가 던진 또 하나의 질문은 이것이다. 바로 "사람은 과연 자신의 마음이 어떻게 움직이는지 완벽하게 이해할 수 있을까?"이다.

오드리 탕은 이런 초월적 지능을 전혀 다른 각도에서 바라본다. 그는 대부분의 사람이 배울 수 있는 것은 이미 아는 것과 알지 못하는 것의 차이일 뿐이며, 만약 당신이 갑자기 한 번도 경험해 보지 못한 환경에 놓인다면, 이는 지나치게 추상적이어서 뭔가를 배우기가 어려울 것이라고 말했다. 이것이 바로 그가 다른 사람과 함께 일할 때, 그 일을 함께 경험하는 것을 강조하는 이유다. 만약 서로에게 공통된 경험이 없다면, 상대방이 일을 매우 질서 있게 구조화해 놨다고 해도 이는 그저 상상의 구체화일 뿐이다. 하지만 공통된 경험은 일종의 기준점과 같아서 이를 근거로 부정확하고 불안정한 것을 바로잡을

"나의 창조는 당신의 상소를 박탈하기 위해서가 아니라 당신의 다음 창조를 더 쉽게 하기 위해서 이루어진다."

수 있고, 이를 통해 비로소 무엇인가를 학습할 수 있다.

어린 시절 오드리 탕은 비디오 게임을 자주 하던 시기가 있었다. 아버지는 비디오 게임이 아이에게 폭력 성향을 유발한다고 생각해 그가 비디오 게임 하는 것을 좋아하지 않았다. 그때 오드리 탕은 이렇게 말했다.

"시드 마이어의 문명이라는 게임을 하지 않으면, 윌 듀런트Will Durant의 역사책인 『문명 이야기』(민음사, 2011)를 이해하기 어려워요. 『문명 이야기』를 각색해서 만든 이 게임은 그 책 속에서 결정을 내리던 사람들과 비슷한 결정을 내리는 경험을 하게 해주었어요. 적들이 트리에레스선을 몰고 해안가로 쳐들어와 약탈할 때, 해안 도시를 포기해야 할지 아니면 더 나은 항해 기술을 개발해야 할지 결정해야 했거든요."

이런 결정들은 게임 속에서나 필요하지, 일상생활에서는 하기가 힘들다. 게임 속에서 이런 경험을 몇 차례 해 보고 나서 다시 『문명 이야기』를 읽었을 때 그는 비로소 카르타고와 그리스를 제대로 이해하게 되었고 당시 상황을 생생히 상상할 수 있었다.

SF소설이 가르쳐 주는 것들

오드리 탕은 머스크와 저커버그가 열광했던 또 다른 SF소설가, 스코틀랜드의 국보이자 거장으로 불리는 고故이언 뱅크스Iain M.

Banks의 SF소설 역시 자주 읽었는데, 특히 우주를 배경으로 한 『컬처 Culture』 시리즈를 좋아했다.

이 책에서 미래의 인류 사회는 이미 AI가 주도하고 있다. 인간들은 AI와 평화롭게 공존하지만 그 문명에서 인간은 더 이상 그렇게 중요한 존재가 아니다. 오드리 탕은 이 책에는 다른 SF소설에서는 쉽게 찾아볼 수 없는 특징이 있다고 생각했다. 그것은 바로 작가가 '만약 인류가 사회의 가치를 AI에게 잘 전달한다면 문명의 마지막 모습은 매우 훌륭할 것이다.'라는 생각을 전달하고 있다는 점이다.

오드리 탕은 대부분의 사람이 AI는 이미 매우 성숙해진 상태라고 여겨 AI에게도 미성숙에서 성숙으로 가는 과도기가 있다고는 생각하지 않는다고 말했다. 그래서 대부분의 SF소설에서 성숙한 AI가 로봇에게 반란을 일으키게 하고, 지구상의 인간들을 소리소문없이 모두 죽여 버리기도 하며, 영화 〈매트릭스〉에서처럼 모든 문제를 해결할 수 있는 신적인 존재로 등장하기도 한다.

수많은 SF소설 속 AI는 마치 심술궂은 어린아이나 전지전능한 신처럼 묘사될 뿐 중간 과정은 생략된다. 하지만 일반 사람들이 미처 생각하지 못하는 부분도 있다. AI도 3, 4살의 어린아이에서 30, 40살 어른으로 성장하는 사회화 과정이 필요하다는 것이다. 성숙한 단계로 가는 이 과정에는 반드시 인간이 AI와 함께 해 줘야 한다.

오드리 탕은 테드 창의 소설 『소프트웨어 객체의 생애 주기』(북스피어, 2013)가 이런 주제를 논하고 있다고 말했다. AI가 어떻게 유사 동물에서 서서히 성장해 8, 9살의 지능을 갖는지, 사람이 AI의 지능을 향상시키는 과정을 탐구하다 보면 우리의 시야가 넓어지고 깊은 사고 속으로 들어갈 수 있다.

테드 창 자신도 책 끝부분에 실린 스토리 노트에 이렇게 썼다. "AI가 직원, 애인, 반려동물 등 어떤 역할을 해 주길 바라든 간에 나는 AI의 발전 과정에서 AI에 관심을 기울여야만 임무를 더 잘 해낼 수 있으리라 생각한다."

SF소설에서 현실 세계로 돌아와 보면, 현실 세계에서는 AI의 중요성이 강조되며 미래에는 AI가 인간의 일을 대부분 대체할 것으로 기대한다. 여기에 오드리 탕은 또 다른 의견을 제시한다. 오드리 탕은 AI가 아직 충분히 성숙하지 않은 상황에서 우리 사회가 AI와 함께하기 위해, 혹은 유행을 따르기 위해 인간의 존엄성, 인권 등과 같이 인류가 줄곧 중요시해 오던 가치를 포기해선 안 된다고 말했

"AI라는 이름 아래 전체주의적 방식을 취하는 것은, 사실 아시모프가 일찍부터 경고한 것이다. 우리 사회는 별생각 없이 그 방식을 따를 텐데 그 결과는 좋지 않을 것이다."

다. AI의 발전을 위해 사람들이 데이터를 관리하는 권리를 저버리고 모든 자료를 AI에만 집중시켜선 안 된다. 끝내 언젠가는 AI가 더욱더 성숙해지긴 할 테지만 우리는 여전히 데이터의 사용과 관리에 대한 책임을 가지고 있어야 한다.

만약 사람들이 AI가 아직 기술이나 인간에 대한 이해 측면에서 모두 성숙하지 못한 단계에 있다는 점을 이해하고, 당장 AI를 신처럼 떠받들거나 혹은 악마라고 깎아내리면서 소수 사람에게만 권리를 집중시키지 않고, **유사 공존의 방식으로 더 나은 방향으로 수정해 나가면 모든 사회가 AI와 함께 천천히 성숙의 단계로 갈 수 있다.**

하라리는 『21세기를 위한 21가지 제언』에서 현대의 SF소설은 자주 지나치게 인류가 언제든 로봇과 전쟁을 치를 수도 있다는 걱정을 한다고 말했다. 그는 "사실 우리가 정말 걱정해야 할 것은 소수의 초엘리트들이 알고리즘을 이용해 힘을 얻고 수많은 저소득층과 권력을 잡지 못한 지식인들과 충돌을 일으키는 점이다."라고 말했다.

그는 오드리 탕과 온라인으로 대담을 나눴을 때도 '디지털 독재'에 대한 우려를 나타냈다. 그는 20세기의 독재 국가들은 스파이를 통해 정보를 모았는데, 현대에는 따로 스파이를 보낼 필요 없이 AI

가 그 역할을 대신할 것이다. AI가 심지어 더 전면적이고 인류의 삶에 중요한 결정을 하는 데 필요한 정보를 제공할 것이라고 말했다.

그런데 왜 우리는 우리 인류가 창조한 가치를 그토록 소중히 여기는 것일까? AI라는 어쩌면 신인류가 될지 모르는 이들에게 우리의 자리를 넘겨주는 것이 왜 그토록 위험하고 파괴적인 결과를 가져올 것이라며 두려워하는 것일까? 그는 다음과 같은 예를 들었다.

인권이라는 개념은 당신이 사람이기 때문에 존재하는 것이지, 특정 국가 출신이거나 특정 성별, 특정 종교를 가졌기 때문에 존재하는 것이 아니다. 즉, 사회적으로 정해진 그룹에 의해서가 아닌, 사람이라면 누구나 보장받을 수 있는 권리다. 하지만 AI가 전체주의적인 방향으로 발전한다면 AI로 사람을 판명하는 상황이 발생할 수도 있다. 만약 얼굴 인식 방식으로 사람 여부를 판단한다면, 어떤 사람의 피부색, 얼굴 형태가 AI가 인식할 수 있는 얼굴의 범주에 들지 않으면 이를 사람이 아닌 배경으로 인식할 수 있다. 그 순간부터 그는 순식간에 모든 인권을 상실하게 된다.

인권이라는 것은 사람으로 태어나기만 하면 가질 수 있는 권리다. 자신이 사람인지 증명할 필요는 없다. 하지만 오늘날 AI는 아직 성숙의 단계까지 발전하지 못했기 때문에, AI가 99%의 사람들을 아주 정확하게 판단한다고 하더라도 나머지 1%의 사람들에 대한 오판을 그대로 믿고 그들을 사람이 아니라고 판단해서는 안 된다.

AI의 판단을 과도하게 의존하면 일부 사람들은 사회 밖으로 배제될 가능성이 생긴다. 이는 소위 '디지털 포용'에 어긋나는 것이다. 또한, 오드리 탕은 이런 상황이 생겼을 때 이는 프로그래머의 문제이지, 사람의 문제가 아니라는 점을 분명히 아는 것이 중요하다고 말했다.

다시 말해, AI의 부족함을 보완하는 책임은 프로그래머에게 있는 것이지, AI로 판별되지 않은 사람에게 있는 것이 아니라는 뜻이다. 프로그래머가 AI의 기능에 대해서만 전문적인 지식을 갖춘 채, 판별되지 않은 사람에게 도리어 AI가 인식할 수 있도록 인식 가능한 범주 안에 드는 얼굴로 성형하면 문제가 해결될 것이라고 말해선 안 될 것이다.

이는 당연히 말도 안 되는 얘기다. 하지만 왜 사람들은 프로그래머가 AI에 대해 설명만 잘하면 된다고 생각할까? 이는 사람들에게 다른 선택지가 많기 때문이다. AI에서 얼굴이 인식되지 않으면 다른 AI를 찾으면 되는 것이다. 하지만 오드리 탕이 우려하는 것은 AI가 점차 사회적 습관으로 자리 잡고 모든 활동에 얼굴 인식이 반드시 필요할 때가 되면, 다른 선택지를 찾는 비용이 갈수록 커질 것이고, 결국엔 다른 선택지 자체가 거의 없는 지경에 이르게 될 것이라는 점이다. 네가 가지고 있는 전자제품의 전원을 연결할 콘센트가 없어서 제품에 전기를 공급하기 위해선 반드시 특정한 장소에 방문해 알맞은 변환 젠더를 찾아야 한다면, 이 제품은 사실상 일상생활에서 사용할 수 없는 것과 같은 상황이다.

그래서 오드리 탕은 인권을 거듭 강조했다. 얼굴 인식 문제에 있어, AI가 판별하지 못한 사람들에게 선택을 강요할 것이 아니라 AI가 각각의 예외적인 상황도 잘 처리할 수 있도록 개선해야 인권의 가치를 상실하지 않았다고 말할 수 있다.

가장 두려운 상황은 설명의 방식으로 이런 문제를 처리하려는 것이다. "얼굴 인식에 실패하셨으니, AI가 인식할 수 있는 얼굴로 성형해 오세요."와 같은 식이다. 우리가 취해야 할 정확한 태도는 사람이 AI에 맞추는 것이 아닌 AI가 사람에 맞추게 하는 것이다.

오드리 탕이 미래 세계를 상상하고 이해하는 데 SF소설이 지식 면에서 도움이 된 부분이 바로 이 대목이다. 그래서 그는 사람들에게 SF소설을 추천할 때 '의식적으로 읽기'를 권한다. 무의식적으로 SF소설을 읽으면 당장의 즐거움밖에 얻을 수 있는 게 없지만, 의식적으로 읽으면 당장의 즐거움뿐만 아니라 소설가가 사람들에게 보여주는 미래 세계와 미래에 발생할 수 있는 상황을 볼 수 있고, 미래에 대해 생각할 때 아주 중요한 참고 자료가 될 수 있다.

저마다 다른 가치관을 제공하는
고전의 매력

오드리 탕의 독서 범위는 SF소설이나 철학 서적 외에
도 무척 넓고 다양하다. 어린 시절부터 『사서오경』(신
원문화사, 2010), 『홍루몽』(나남, 2016), 진융金庸의 소설
등 스펙트럼이 넓었고, 하나하나를 깊게 정독했다. 그
가 지금의 자리에 오를 수 있었던 것은 SF 소설 외에
'고전'이라는 시대를 뛰어넘는 명작들이 있기에 가능
했다.

오드리 탕에게 아시모프, 테드 창, 뱅크스와 같은 SF소설가들의
작품들이나 제자백가 등의 여러 가지 고전들은 각각 서로 다른 가
치가 있었고, 세상을 바라보는 여러 가지 윤리관을 제공했다. 예를
들어, 노자老子의 『도덕경道德經』을 통해 오드리 탕은 '무위이치無爲而

※'라는 것은 '하지 않는 것'이 아니라 '하는 것'이고, '특정한 방식으로 특정한 결과를 내는 것'이 아니라 '새로운 가능성이 펼쳐지게 하는 것'이라는 점을 알게 되었다. 모든 행동은 특정 결과를 전제하는 것이 아니라 새로운 가능성을 펼치는 것을 전제로 해야 한다는 것이다.

오드리 탕은 자신이 스무 살이 되기 전에 두 사람에게 큰 영향을 받았는데, 한 사람은 루드비히 비트겐슈타인Ludwig Josef Johann Wittgenstein이고, 다른 한 사람은 아일랜드의 유명한 작가인 제임스 조이스James Joyce이다. 심지어 그는 자신이 '비트겐슈타인 신봉자'라고 말하기도 했다.

20세기를 대표하는 철학자 비트겐슈타인은 전설과 같은 삶을 살았다. 오스트리아의 명문 가문에서 태어나 유대인 출신 철강왕인 아버지 슬하에서 자랐으며, 케임브리지대학을 다니며 영국의 유명 철학자 버트런드 러셀Bertrand Russell을 스승으로 모셨다.

비트겐슈타인이 쓴 『논리철학 논고』(책세상, 2006)는 천재적인 작품이라고 인정받아 훗날 케임브리지대학 트리니티 칼리지의 교수로 추대되는 영광을 얻게 된다. 그의 부유함은 한 나라의 경제력과 맞먹는 수준이었지만, 아버지가 남긴 모든 유산을 기꺼이 기부하고 외딴 시골로 내려가 초등학교 선생님을 자처해, 말년엔 몹시 가난

한 삶을 살았다.

비트겐슈타인은 오드리 탕이 중학교 시절 독학할 때 접한 철학자로, 당시 그는 정치대학 철학과 수업을 청강하면서 칸트, 가다머, 파울 파이어아벤트, 하이데거의 철학 이론을 들었다. 또 한편으로는 비트겐슈타인의 『논리철학 논고』를 시작으로 『철학적 탐구 Philosophische Untersuchungen』, 『청색 책, 갈색 책The Blue and Brown Books』 등에 담긴 비트겐슈타인의 초기와 후기의 학설을 체계적으로 이해하게 되었다.

비트겐슈타인이 철학에 관해 말한 명문장이 있다.

> "파리에게 (파리를 잡는) 꿀통에서 빠져나올 출구를 알려 주는 것이 철학의 임무다."

여기서 '꿀통'이라는 것은 옛 철학적 사고를 가리키는 것으로, 비트겐슈타인의 철학적 사고는 이런 기존의 철학적 사고를 끊임없이 해체하고, 심지어는 과거 자신의 논리적 사고 또한 깨트리는 것이었다.

오드리 탕은 비트겐슈타인의 철학적 사고가 언어의 세계에 매우 적합하다고 생각했다. 예를 들어, 초기의 비트겐슈타인은 세상을 말로 표현할 수 있는 것과 없는 것 두 가지로 나눴다. 말로 표현할 수 없는 것에는 침묵해야 하고, 말로 표현할 수 있는 것은 언어를 통해 명백하게 표현해야 한다고 생각했다. 이 점은 인공지능기술이 보편화되기 전에 프로그래머들이 0과 1이라는 간략한 방식으로 이 세상을 설명하고, 자신들이 구축하려는 모습을 컴퓨터가 컨트롤할 수 있게 한 것과 매우 비슷하다.

하지만 후기의 비트겐슈타인은 자신의 과거의 논리를 깨트렸고, 말로 표현할 수 없는 것에는 사실 더 많은 공간이 있으므로 상호작용을 통해 의미를 만들 수 있다고 생각했다.

지금의 인공지능 역시 이런 사고방식을 모방하고 있다. 어떤 것을 반드시 문자로 정의해야만 이에 대해 소통할 수 있는 것이 아니라, 정의에 앞서 공감대를 형성해야 소통할 수 있는 것이다. 예를 들어, 지금의 VR은 추상적인 묘사 없이 사용자를 어떤 상황 속으로 이끌어 공감대를 형성할 수 있다. 과거처럼 문자를 통해 공감대를 형성할 필요가 없는 것이다. 특히 문자를 통해 공감을 재구성할 때는 중간에 많은 부분이 생략된다. 게다가 모든 사람이 문자를 통한 구체적인 묘사를 잘하는 것도 아니다.

오드리 탕은 비트겐슈타인이 『철학적 탐구』에서 말한 자동 추론 논리를 접한 뒤, 비트겐슈타인의 사고를 중학교 시절의 과학 전시나 컴퓨터 프로그래밍에 대거 응용했다.

천재 중의 천재라고 불리는 비트겐슈타인은 "천재성은 가장 고귀한 도덕성이므로 천재성을 갖는 것은 모든 사람의 의무이다."라고 말한 바 있다. 그와 마찬가지로 사람들에게 천재라고 불린 오드리 탕은 이 말에 대해 어떻게 생각했을까?

그는 이백李白이 말한 "천생아재필유용天生我材必有用"을 예로 들었다. '이는 모든 사람의 재능은 하늘이 정한 것이므로, 모든 사람은 저마다 각자 기여를 하기 때문에 타인을 부정해선 안 된다'는 뜻이다. 여기서 중요한 것은 자신에게 어떤 재능이 있는지 이해하는 과정이며, 동시에 이런 재능을 통해 어떤 기여를 할 수 있는지 생각하는 것이다. 이것이 바로 비트겐슈타인이 말한 '도덕성의 일부'라고 할 수 있다.

오드리 탕은 재능과 기여는 개별적인 것이 아닌 '하나의 행위'라고 강조했다. 먼저 재능을 발견한 다음에 어떤 기여를 할 수 있도록 자신을 발전시키는 것이 아니다. 자신의 재능을 발견하는 과정에서 반드시 끊임없는 사회적 상호작용이 필요하고, 자신에게 속한 퍼즐 한 조각을 발견했다는 것은 어떻게 사회라는 그림에 맞춰 넣어야 할지 알게 된 것과 같다는 것이다. 그래서 그는 "스스로 자신에게 재능이 있다고 느끼는 것은 별 의미가 없는 일이다. 자신이 인정하는 것이 중요한 것이 아니라 '기여'를 통해 사회가 그 시점에 당신이 기여한 바가 있다고 느껴야만 진정으로 하늘이 주신 재능을 가졌다고 할 수 있다."라고 말했다.

그래서 오드리 탕은 비트겐슈타인이 말한 소위 '의무'가 바로 '공유'라고 생각했다. 천재는 자신이 남들과 다르다는 것을 강조하며 배타성을 가질 것이 아니라, 자신의 창조가 얼마나 많은 사람에게 공유될 수 있고, 이를 통해 사람들이 어떤 세계를 볼 수 있게 되는지를 중요하게 생각하고, 자신의 창조가 타인의 소재가 되게 해야 한다.

오드리 탕이 아주 좋아하는 아일랜드 작가 제임스 조이스James Joyce의 작품 중 『피네간의 경야』(고려대학교출판부, 2012)가 있다. 오드리 탕은 20대 때 오직 이 책을 위해 로봇 프로그램을 만들었다. 그가 만든 프로그램은 매일 아침 이 책의 첫 글자만 입력하면 무작위로 책 속에서 한 구절을 선택해 그에게 보내 주었다. 오드리 탕은 "저는 이것을 일종의 점을 보는 용도로 사용했습니다."라고 웃으며 말했다.

조이스의 작품 중에는 많은 사람에게 회자되는 소설들이 있는데, 예를 들어 『더블린 사람들』(문학동네, 2010), 『젊은 예술가의 초상』(민음사, 2001) 등이 있다.

『피네간의 경야』는 서양 문학사에서 가장 이해하기 힘든 책으로 알려져 있다. 책 속 문자의 의미가 뒤죽박죽이고 심지어 작가가 창조한 문자도 많이 들어 있기 때문이다. 또한 의식의 흐름대로 흘러

가는 서사 탓에 무슨 내용인지 갈피를 잡기가 힘들다.

그런데도 오드리 탕이 이 책을 좋아하는 이유는 크게 2가지이다. 첫 번째 이유는 이 책에는 특정 문화감이 느껴지지 않는다는 것이었다. 대부분의 소설이나 비소설에서는 그 문화적 배경을 느낄 수 있고, 작가는 그 문화적 배경의 틀 안에서 자신이 전달하려는 의미나 이야기를 구축해 나간다. 하지만 이 책은 되려 특정한 문화적 맥락을 고의로 파괴한다. 지극히 보편적인 문화든, 아직 발생하지 않은 문화든 모두 이 책에 뿌리를 내릴 수 있다. 그래서 독자들이 이 책을 읽을 때면 끊임없이 다시 읽는 느낌이 든다. 같은 문장도 강세를 어디에 두냐에 따라 다른 언어가 되기 때문에 마치 만화경 속을 들여다보는 느낌이다. 하지만 대부분의 소설은 그렇지 않다. 두어 번 정도 읽으면 비슷비슷하게 느껴진다. 그래서 이 책은 오드리 탕에게 무궁무진한 즐거움을 선사할 수 있었다.

두 번째 이유는 오드리 탕이 문학적 번역을 좋아하기 때문이다. 번역을 하면 역자가 본래의 의미를 충실하게 전달했다 할지라도 어떤 측면에서 보면 이는 원작자와 역자의 공동 창작물이 된다. 역자는 문화적 차이를 고려해야 하기 때문에, 한편으로는 최대한 원작자에 근접하려 하면서도 다른 한편으로는 반드시 자신이 속한 문화적 맥락을 더 잘 이해해야 제대로 된 2차 창작이 가능하다. 『피네간의 경야』는 전 세계에 서로 다른 번역본으로 존재하는데, 중국어 간자체판, 번자체판부터 영문판까지 모든 책이 각각 다른 책인 것 같은 느낌을 주고 있어 나라마다 다른 역자의 창조력을 느낄 수 있다.

다양한 생각, 다양한 가치의 위대한 힘

오드리 탕은 어떤 사람이 자신에게 책을 추천해 주면 거의 다 읽어보는데, 그 대부분은 다 원문으로 읽고, 책 속에 시가 있으면 스스로 번역해 보곤 한다. 그러면 작가와 대화하는 공간이 더 넓어지는 느낌을 받기 때문이다.

그는 시를 읽거나 쓰는 것도 좋아하는데, 이런 취미가 프로그래밍을 하는 데도 큰 도움이 된다고 생각한다. 한 사람의 프로그래밍 능력은 그 사람의 언어 능력과 직결된다고 생각하기 때문이다. 특히 시는 율격과 이미지를 통해 표현되는데, 이는 모든 문자에서 가장 정제된 방식이고, 짧은 글 속에 수많은 다양한 의미를 담을 수 있는 방식이다. 프로그램 언어도 이와 같다.

시에는 두 가지 특징이 있다. 하나는 짧은 글을 통해 긴 의미를 전달하는 능력이고, 또 하나는 이름을 짓는, 즉 시 속의 장과 절의 이름을 짓는 능력이다. 오드리 탕은 사람들이 한꺼번에 볼 수 있는 기호의 양에는 한계가 있다고 했다. 아무리 많이 연습해도 작업기억working memory* 용량의 크기는 딱 그 정도일 뿐, 늘리기는 힘들다. 그래서 사람의 작업기억 속에 한 번에 많은 개념을 넣을 수 있는지는 온전히 이 개념 자체의 추상성과 그 개념의 상호작용에 달려 있다. 만약 알맞은 추상적 개념을 선택한다면 아주 짧은 글을 통해서도 당신이 처리하려는 복잡한 시스템의 다양한 성질을 완벽하게 전달할 수 있다. 만약 이런 능력이 없다면 그 성질을 알아차리기 위해 긴 설명이 필요할 것이다.

프로그램을 만들 때도 마찬가지다. 주로 우리의 작업기억에 의지할 수밖에 없는데 만약 프로그램에 대한 설명이 너무 길다면 자신조차 기억할 수 없을 테고, 만든 프로그램의 규모도 제한적일 수밖에 없다. 만약 다른 사람과 협업한다면 상대방은 수많은 인지적 비용을 들여야 당신이 말한 한 줄의 의미를 이해할 수 있다. 하지만 만약 시를 써본 경험이 있다면 프로그램을 다른 사람에게 설명할 때 效율적으로 설명할 수 있다. 예를 들어, 시 속 장과 절의 이름으로 프로그램 속 프로세스 이름을 짓는다면 상대방이 한 번에 당신의 사고 회로로 들어갈 수 있을 것이다.

이렇게 시 읽기는 오드리 탕이 프로그래밍을 할 때 더욱 정제된 방식으로 다중의 의미를 전달할 수 있게 해주었다. 서로 다른 영역

---

* 작업기억(working memory) 용량 : 언어 이해 능력과 관련된 작업기억 속에 활성화된 상태로 유지되는 정보의 양.

의 고전을 읽음으로써 그는 어릴 때부터 수많은 다양한 가치를 접하게 되었고, 어떤 일을 바라보는 여러 가지 방식을 깨달았다.

오드리 탕은 어린 시절에 진융의 소설을 읽었는데, 『의천도룡기倚

"같은 일이더라도, 그것이 과연 좋은 일인지, 나쁜 일인지 특정 관점이 절대적으로 옳다고 할 수 없다. 완전히 당신이 가진 가치가 무엇인지에 달렸다."

天屠龍記』라는 소설 속 한 장면이 그에게 무척 인상적이었다. 무당파武當派의 창시자인 장삼봉張三丰이 1년 반 동안 은둔하며 수련한 끝에 태극검을 발명하고, 이를 장무기張無忌에게 전수하려 했다. 그런데 장무기의 라이벌이었던 방동백方東白은 정당하지 않은 방법으로 이득을 취하고 싶지 않아 이를 곁에서 지켜보지 않고 자리를 피하려 했다. 하지만 장삼봉은 오히려 그에게 "나의 이 검법은 이제 막 만든 것이라 쓸모가 있을지 잘 모르겠네. 당신은 검술에 명인이니 지켜보고 부족한 점을 지적해 주길 청하네."라고 말했다.

장삼봉의 이런 사고방식은 어린 오드리 탕에게 아주 큰 영향을 미쳤다. 소설 속 다른 무술 대가들은 자신의 것을 꼭꼭 감추는 데 반해 장삼봉은 무술의 이론을 공개하고 사람들을 불러 관람하게 했다. 심지어 라이벌일지라도 공유하길 원했다. 더 많은 사람이 봐야 그만큼 기여하는 바도 늘어날 것이기 때문이다. 그는 장무기의 라이벌이 이를 배워 가는 것도 전혀 두려워하지 않았다. 무술을 겨루어 이기고 지는 것보다 창조에 있어 열린 자세를 중시하는 이 정신은 오드리 탕이 훗날 어떤 일을 하든 늘 '공동 창조'를 강조하는 이유가 되었다.

다양한 가치관을 기르는 것의 장점은 어떤 일이 발생했을 때 특정 가치만 옳다는 단일 가치의 딜레마에 빠지지 않고 이에 대응할 수 있는 가치를 가진다는 점이다. 당신이 이 세상에 이렇게나 많은 가치가 있다는 걸 깨달으면 오히려 안심이 될 것이다. 만약 가치가 하나뿐이라면 그 가치로는 절대 해결할 수 없는 상황을 금세 맞닥뜨릴 것이기 때문이다.

어릴 적 경험에서 깨달은
나눔의 가치

2020년, 전 세계를 강타한 코로나 팬데믹이 대만에서
도 확산되었다. 그해 6월 대만 내 코로나 상황이 심각
해지면서 전국에 3급 방역 경계 조치가 시행되었고,
구급차가 밤낮으로 거리를 누볐다. 사람들은 처음으
로 죽음의 그림자가 코앞에 드리우는 경험을 했다.
하지만 오드리 탕에게 죽음의 그림자는 그리 낯선 존
재가 아니었다. 어려서부터 선천성 심장병을 앓았던
탓에 항상 '죽음'이라는 두 글자는 마치 꼬리표처럼 그
의 곁에 맴돌고 있었다.

오드리가 14살 되던 해에 심장 수술을 받고 건강은 회복됐지만,
4살부터 14살까지 10년이라는 긴 세월 동안 그는 오늘밤 잠들면
내일 아침 깨어나지 못할지도 모른다는 두려움 속에 살아야 했다.

그리고 이는 그의 인격 형성에 아주 큰 영향을 끼쳤다.

어린 시절, 가족들은 오드리 탕을 돌보는 데 많은 정성을 쏟았다. 그가 다음 날 아침 깨어날 수 있도록, 매일 그가 제때 약을 먹게끔 신경 써야 했다. 그와 함께한 기억을 오래 간직하는 데도 큰 노력을 기울였다. 당시 그를 돌봐 주던 유모는 그가 노래하거나 이야기할 때 목소리를 녹음하기도 했다. 의사는 오드리 탕이 4살에도 수술하지 못하면 죽을 것이라고 말했고, 정말 그렇게 된다면 최소한 그를 키운 4~5년 동안 그와 함께했던 기억을 남겨야 했기 때문이다.

오드리 탕 본인도 일찍감치 깨달은 바가 하나 있었다. 뭔가를 나눌 것이 있으면 서둘러 나눠야 한다는 것이었다. 머릿속에만 넣어 두었다가 내일 죽는다면 전부 사라지기 때문이다. 제때 말하지 못할까 봐 두려워 오드리 탕은 오늘 일은 오늘 마치는 습관을 길렀다. 어떤 생각이 있으면 곧바로 공유했다. 그는 "말하고 나면 두렵지 않았다. 그리고 나서야 깊은 잠을 잘 수 있었다."라며 당시를 회상했다.

죽음의 그림자를 경험해 보지 않은 사람들은 어떤 생각을 할 때 '좀 더 명확해지면, 정리가 되면' 그때 그 생각을 다른 사람들과 나누려고 한다. 그 이유 중 하나가 체면 때문일지 모른다. 미숙한 사고를 나누고 민망해질까 걱정되고 상대방의 시간을 축낼까 걱정되기 때문이다.

하지만 이번 팬데믹을 겪으면서 많은 사람이 생각보다 죽음이 가까이 있다는 위기감을 느꼈다. 그러면서 과거에는 쌓아 놓기만 하던 것의 가치 없음과 나눠야 비로소 가치가 생긴다는 것을 깨달았다. 내일 사라진다 해도 쌓아 둔 가치를 이미 나누었다면 최소한 아쉬움은 없으리라는 생각을 하기 시작했다.

아이디어를 공유하고 그 가치를 확산시켜라

오드리 탕은 어릴 때부터 당장 나누지 않으면 어쩌면 내일은 기회가 없을지도 몰랐기에 나누지 않는 것이 손해라는 것을 깨달았다. 중학교에 입학하고 독학을 시작한 후, 온라인 커뮤니티를 접하며 '나눠야 손해가 아니다'라는 사고방식에 더욱 확신을 갖게 되었다. 그는 모든 사람이 매일 조금의 가치를 기여하고 이를 끊임없이 누적해 함께 작업한다면 더 큰 성과를 이룰 수 있을 것이라는 아이디어를 얻었다. 이로 인해 그는 그 길을 계속 걸을 수 있었다. **그가 나누는 지식이나 지혜, 사람들과 함께 만든 CC* 콘텐츠에 더 많은 사람이 참여할수록 더 많은 가치를 창출한다는 특징이 있다.**

특히 인터넷의 장점은 시공간의 제약을 뛰어넘는 데 있다. 서로

---

* Creative Commons. : 저작권자 이용 허락 없이도 자유롭게 저작물을 이용하자는 운동.

다른 시간대에 사는 사람들이 자신의 시간에 따라 새로운 생각이 있으면 언제든지 인터넷에 올릴 수 있고, 다른 사람들이 남긴 기록도 볼 수 있다. 매일 조금씩 사람들이 함께 창작한 가치를 모으는 것이 바로 '위키(많은 사람이 동시에 편집할 수 있는 플랫폼)'의 정신이기도 하다. 이에 반해 오프라인에서 글을 남기는 것은 그리 편리하지 않다. 사람들이 반드시 특정 장소로 가서 글을 남겨야 하고, 다른 사람들의 글을 복사해 붙일 수도 없다.

그래서 미성숙한 사고, 초안, 당일에 어느 정도까지만 진행된 작업 등이라고 할지라도 오드리 탕은 자신이 처리할 수 없거나 자신이 처리하기에 적합하지 않다고 생각되면, 그 이유를 플랫폼에 올려 둔다. 그렇게 사람들이 볼 수 있게 하고, 누구든 적합한 사람이 계속 처리할 수 있게 하는 것이다. 어느 날 이 세계에서 그가 사라진다 해도 이미 자기 생각을 플랫폼에 올려 두었기 때문에 그 가치는 계속 혁신될 수 있다. 그러니 쓸데없는 생각을 한 것은 아닌 셈이다.

공동 창작이 왜 미래 사회에서 중요한 가치일까? 이에 관해 이야기하려면 오드리 탕이 청소년일 때 직장에서 얻은 경험과 두 번의 잡노마드 경험에 관해 말해야 한다. 이런 이른 경험 덕분에 그는 일의 미래를 내다볼 수 있었다.

전통적인 업무 방식은 한 장소에 모여 사람들이 일을 분담하거나
협업하는 것이지만, 인터넷 시대에는 그렇지 않다.
오드리 탕은 잡노마드를 통해 사람들이 모두 하나의 부족 같다고 생각했다.
다만 그저 우연히 서로 다른 장소와 시간대에 있을 뿐이다.
그래서 새로운 곳에 가더라도 전혀 두렵지 않았다.
그곳에서도 분명 비슷한 부족의 느낌을 받을 수 있을 것이기 때문이었다.

PART 2

일하는 방식

: 영역을 뛰어넘은 협력

NEW
THINKING

두드려라,
세계는 당신의 것이다

오드리 탕은 보통 사람들보다 일찍 직장 생활을 경험
했다. 14살에 중학교를 중퇴한 후, 16살에 중국어 기사
검색 엔진 스타트업을 창업했고, 나중에는 국내외 유
명 기업에 잇달아 입사해 일했으며, 20대에 원격 근무
를 시작했고, 30대엔 국가 부서에서 일했다.

창업 경력은 물론 경영인으로서 관리 실무 경력도 있는
오드리 탕은 기업 관리나 기업 내 업무에서 늘 혁신적
인 사고방식과 업무 처리 방식을 가지고 있었다. 이는
과거 광범위한 독서량과 독특한 학습 방식, 그리고 풍
부한 직장 경험과도 떼려야 뗄 수 없는 관련이 있었다.

오드리 탕은 10대와 20대 때 각각 두 번의 잡노마드를 경험했다.
이는 대부분의 잡노마드와는 달랐다. 직장에 질려서 잠시 떠나는

것이 아니라 호기심을 가지고 탐구하며, 세계 곳곳에서 경험을 쌓은 것이었다. 그는 대만에서 출발해 잠시 미국 실리콘밸리에 머물렀고, 이후 전 세계 20개 도시를 방문하면서 다양한 직업의 미래를 보았다.

오드리 탕은 14살에 주변의 학교를 그만둔 사람들과 함께 『나의 컴퓨터 탐구하기我的電腦探索』라는 책을 썼다. 나중에는 책이 더 잘 팔릴 수 있도록 진보된 전자상거래 사이트를 설계해 출판사 사이트를 설계 및 운영했고, 사이트 관리자로서 일하기 시작했다.

1990년대에는 '사이트 관리자'라는 직책이 도대체 무슨 업무를 하는지 어느 누구도 알지 못했다. 완전히 새로운 개념의 업무였기 때문이다. 이 일의 장점은 직무가 비교적 자유롭다는 점과 보통의 출판사처럼 반드시 말단 편집자를 거쳐야만 편집장이 되는 것과 같은 전통적인 과정을 겪지 않아도 된다는 점이었다. 오드리 탕은 자신의 책을 사람들이 쉽게 찾을 수 있도록 빠른 검색을 돕는 소프트웨어를 개발했다. 그리고 이를 상업화해 대량 생산한 뒤 회사의 기술 총괄이자 주주로 도약했다. 전통적인 직장의 수직적인 승진 방식을 거치지 않고 완전히 새로운 부서를 직접 넘겨받은 것이다.

전통적인 상하 조직의 상명하복을 경험한 적이 없던 오드리 탕은 처음에는 '일'이 사람들이 함께 힘을 모아 더 좋은 아이디어를 생각해 내고, 이를 통해 더 많은 사람을 알게 되는 것이라고 생각했다. 당시 불과 16살이었던 그는 일개의 소프트웨어 프로그래머일 뿐, 마케팅에 관해서는 문외한이었다. 그래서 소프트웨어가 다 만들어졌다고 해도 그것을 제품 안에 어떻게 포함시켜야 하는지, 어떻게 판매해야 하는지, 투자자와 어떻게 이야기를 나눠야 하는지, 사업을 어떻게 확장시켜야 하는지에 대해서는 매우 낯설어했다.

그래도 다행인 것은 회사의 규모가 작았던 터라 다른 사람이 업무를 보러 나갈 때면 자주 따라가서 일을 배울 수 있었고, 기술적인 문제에 관한 이야기가 나오면 동료가 바로 옆에서 설명을 해주기도 했다. 오드리 탕은 그런 식으로 한 기업이 어떻게 무에서 유를 창조하는지 점차 알아가기 시작했다.

하지만 많은 신생기업이 보통 처음에는 창의적인 아이디어를 기반으로 모이지만 이를 점차 확장하는 과정에서 종종 이념이 맞지 않는 경우가 생긴다.

오드리 탕 역시 당시 생각지 못한 고민에 쌓이게 되는데, 그것은 '바로 우리가 외부의 대형 투자를 받아야 하느냐'였다. 당시 인텔을 포함한 여러 유수의 기업이 오드리 탕의 회사에 투자하고 싶어 눈독을 들이던 참이었다. 하지만 그의 생각은 달랐다. 만약 이런 투자금을 받으면 단기간에 반드시 높은 수익을 내야 하고, 그러려면 아주 위험해 보이는 일도 해야 했기 때문이다.

당시 그는 사실 회사 스스로 손익을 감당해도 손해 볼 것이 없다고 생각했다. 현재의 자본금으로도 단순히 돈을 벌 목적의 투자자가 아닌, 진정으로 자신들의 이념을 지지해 줄 투자자를 찾을 때까지 버틸 수 있다고 생각한 것이다. 다시 말해, 오드리 탕은 IPO(기업공개)를 하기보다는 자신들과 같은 제품 이념을 가진 다른 조직이 있다면 인수나 합병을 통해 더 큰 공동체를 만들어 함께 지키는 것을 생각해 보는 편이 낫다고 생각했다.

이것이 바로 오드리 탕의 기업이 다른 신생기업들과의 차이점이다. 보통 신생기업들이 추구하는 것은 빠른 실패와 빠른 성공이다. 만약 성공한다면 투자 수익률이 매우 높을 것이고, 그렇다면 매년 조금씩 버는 것에 절대 안주하지 않을 것이다. 하지만 오드리 탕은 단기에 고수익 올리기를 목표로 하기보다는 기술적 측면에서 지속적으로 발전하는 것을 중시했다. 전통적인 중소기업들처럼 먼저 경영 안정화를 추구한 것이다. 하지만 다른 주주들의 생각은 달랐고, 결국 그는 회사를 떠나기로 결심했다.

세계 곳곳에서 경험을 얻은 두 번의 잡노마드

그가 떠난 '피아시아(PAsia)'라는 회사는 그의 퇴직 후 몇 년 만에 200명 규모의 회사로 급성장하였고, 영업 수익도 수백만 달러에 이르렀다. 하지만 결국 2001년에 문을 닫고 말았다. 오드리 탕은 지금 돌이켜 보면 승패로 영웅을 논할 수는 없다고 생각한다. 그저 각자 선택한 길이 달랐을 뿐이다. 많은 사람이 거엑의 외국 자금을 가지고 경매 사이트인 쿨비드CoolBid에 투자하기도 하고, 훗날 연구 개발된 CICQ 통신 기술에 투자하기도 하는 등 다양한 운용 방식을 시도한 것처럼 말이다.

오드리 탕은 만약 당신이 피아시아에 투자만 한 사람이라면 원금을 잃었다고 생각할 수 있지만, 당신이 업계 사람이라면 나쁜 결과가 아니라고 생각할지도 모른다고 말했다. 피아시아가 단기간에 생긴 자금으로 수많은 시도를 하며 창의적인 사람들을 업계로 끌어들였기 때문이다. 예를 들어, CICQ라는 소프트웨어를 만든 가오자량高嘉良은 그 이후로 전 세계에 더 많은 도움을 주었다.

회사를 떠난 뒤, 오드리 탕은 한편으로는 계속 정치대학에서 수업을 들으며 독학을 했고, 다른 한편으로는 BenQ라는 회사의 겸임 고문을 맡았다. 그 무렵 오드리 탕은 오픈 소스를 처음 접하게 되었다.

1997년, 그는 자신이 속한 커뮤니티와 함께 프리 소프트웨어의 비즈니스 모델을 개발하기 시작했고, 당시 대만에는 이에 대해 아는 사람이 거의 없었기 때문에, 실리콘밸리에 가서 보다 숙련된 경험을 쌓기로 결심했다. 당시 그는 자신에게 없는 기술을 가진 다른 나라 사람들이 이 기술을 어떻게 운영하는지 보고 싶었다. 이게 바로 오드리 탕의 첫 번째 잡노마드의 시작이었다. 고작 16살이었던 그는 미국 서해안 지역으로 건너가 실리콘밸리의 신생기업의 비즈니스 모델을 접하게 되었다. 이로 인해 프리 소프트웨어 캠페인을 진행하는 엔지니어나 커뮤니티들을 만날 수 있었고, 이는 훗날 오픈 소스 캠페인으로 이어졌다.

귀국한 오드리 탕은 BenQ 내부에 'Our Internet'이라는 회사를 설립하고 5인으로 구성된 팀을 만들어 컨설팅 및 교육, 훈련을 통해 오픈 소스 소프트웨어를 필요로 하는 고객들을 전담하게 했다. 사내 창업인 셈이다. 'Our Internet'이 만들어지고 얼마 되지 않을 때 받은 가장 큰 주문은 바로 오픈 소스 프리 소프트웨어를 만들어내는 중앙 연구원으로부터 온 요청이었다. 그렇게 그는 또 CC 관련 커뮤니티를 접하게 되었다. 이 과정에서 그는 민간 기업이 주주들의 권익을 우선으로 하는 데 반해, 정부 부처가 소위 중점 산업을 발전시킬 때 국민 복지의 극대화를 목적으로 두는 것을 보고 이 일에 흥미로운 점을 발견했다.

일 외적으로 오드리 탕은 인기 프로그램 언어 '펄Perl'을 적극적으로 개발하고 세계적인 펄 커뮤니티에 가입했다. 그리고 2005년,

24살이던 그는 펄을 전문적으로 연구하기 위해 여행을 떠나기로 결심한다. 세계 각지의 정보 과학자들을 만나고, 전 세계를 돌며 더 많은 프로그래머 능력자들을 사귀기 위함이었다.

이것이 바로 그의 두 번째 잡노마드였다. 2년에 가까운 시간 동안 그는 대만에서 일본, 오스트리아, 이스라엘, 에스토니아 등 세계 여러 나라의 20개 도시를 돌아다녔다. 이치대로라면 다채로운 생활을 해야 했지만 오드리 탕은 자신의 여행이 테이블의 테이블보를 바꾸는 일처럼 단조로웠다고 자조했다. 각지의 생활방식을 깊게 이해하는 데 쓸 시간은 없었다는 뜻이다.

그의 잡노마드는 랜덤 방식이었다. 먼저 일본으로 가서 온라인으로 알게 된 정보과학자를 만나 그의 집에 머물면서 이 프로그래밍 능력자에게 전문적인 문제에 관해 물어보고 서로 토론하고 연구한 뒤, 그에게 다른 능력자를 추천받아 다음 장소로 옮겨 가며 공부 여행을 이어 갔다.

그는 매일 자신이 관심을 둔 연구 분야 사람들을 만나거나 현지 세미나에 참석했다. 그는 오로지 연구 자체에만 관심이 있었고, 생각하는 것도 대부분 일을 어느 단계까지 진행시켜야 하는가에 대한 것이었으며, 나머지는 다음에 누굴 찾아가 이 작업을 계속해야 하는가였다. 이처럼 두 번의 잡노마드는 그가 업무를 바라보는 방식에 새로움을 주었다.

인터넷 지식 사재기의 한계는 공유의 욕구를 일으킨다

전통적인 업무 방식은 한 장소에 모여 사람들이 일을 분담하거나 협업하는 것이지만, 인터넷 시대에는 그렇지 않다. 오드리 탕은 잡노마드를 통해 사람들이 모두 하나의 부족 같다고 생각했다. 다만 그저 우연히 서로 다른 장소와 시간대에 있을 뿐이다. 그래서 새로운 곳에 가더라도 전혀 두렵지 않았다. 그곳에서도 분명 비슷한 부족의 느낌을 받을 수 있을 것이기 때문이었다.

오드리 탕은 전 세계를 돌아다니며 직접 '해킹'과 '오픈 이노베이션'의 문화를 겪은 뒤 어디에 가든, 현지의 생활 습관이 어떻게 다르든 분명 그와 같은 족속인 사람이 있을 것이라는 생각을 더욱 확고히 했다. 두 번의 잡노마드 중 한 번은 2000년 이전인 닷컴 버블 이전이고, 나머지 한 번은 2000년 이후였는데, 이 두 경험은 그에게 각각 완전히 다른 깨달음을 주었다.

첫 번째 잡노마드 때는 고작 16, 17살이었고, 당시는 1990년대 말이었다. 오드리 탕이 몸담았던 실리콘밸리에서는 모두가 서로에게 자신의 기술이 어떤 특허를 출원했는지, 특허의 한계가 무엇인지를 물었다. 그렇게 모두가 자신의 전문 능력을 지키려고 했다. 하지만 8년이 지난 2005년에 두 번째 잡노마드를 떠났을 때는 특허의 한계에서 벗어나 새로운 일의 미래를 보게 되었다. 그것이 바로

'공동 창조와 공유'였다.

원래 그는 정보과학 분야에는 각자의 방식으로 일을 처리하는 다양한 종류의 게이트키퍼가 있다고 생각했시만, 그가 찾아간 사람들은 생각했던 것과 완전히 다른 일을 하고 있었다. 세계 각지에서 온 사람들은 각자 서로 다른 컴퓨터 언어에 정통했고, 그들은 매우 기꺼이 자신들이 한 연구의 일부를 기여함에 거리낌이 없었다. 오드리 탕은 세계는 이미 단단히 걸어 잠갔던 문을 활짝 열고 서로 포용하고 개방하는 단계로 서서히 나아가고 있다는 것을 깨달았다. **그는 학술 커뮤니티에 "Publish or Perish"라는 말이 있다고 말했다. "발표하지 않으면 사라진다." 즉, 공유하지 않으면 어떤 평판도 얻을 수 없다는 뜻이다.**

하지만 학술계에는 여전히 좁은 문이 있다. 학술계에서 먼저 인정받은 사람만이 기여할 기회를 얻을 수 있는 것이다. 예를 들면, 어떤 학교에 들어가야만 저널에 논문을 실을 수 있는 것과 같다. 반면, 오드리 탕이 있었던 오픈 소스의 세계에선 그렇지 않았다. 인지도가 없는 사람도, 어떤 기관에 속하지 않은 사람도 기여만 할 수 있다면 누구든 상관없었다.

예를 들어, 오드리 탕이 세계를 돌아다니다가 에스토니아의 수도 탈린Tallin에 도착했을 때, 현지 정보과학자들은 하스켈이라는 프로그램 언어의 다음 버전을 만들고 있었다. 오드리 탕은 다국어 처리에 대한 경험이 풍부했기 때문에 이에 큰 흥미를 느꼈고, 바로 몇 가지 아이디어를 제시했다. 그저 아이디어를 조금 냈을 뿐인데 뜻밖에도 하스켈이라는 프로그램 언어의 다음 버전에 공동 표준 제정자 중 한 사람으로 오드리 탕의 이름을 올릴 수 있었다.

이 사실을 알고 그는 매우 놀라지 않을 수 없었다. 당시 그는 어떤 단체에도 속하지 않았고, 그저 다른 사람들보다 시간도 많고 아이디어도 많이 떠올라서 개인적인 의견을 조금 기여했을 뿐이니 말이다. 특히 하스켈 위원회에 속한 모든 사람을 살펴보면 오드리 탕과 나란히 기록된 사람들

은 모두 교수, 수석연구원인데 그의 이름 옆에는 대학 이름이나 소속 회사 이름조차 쓰여 있지 않은 것을 볼 수 있었다.

"사람들이 자신이 아는 것을 공유하지 않아도 알아낼 방법은 있다. 누군가는 방법을 찾아 공유할 것이기 때문이다."

이 일은 오드리 탕에게 아주 큰 영향을 주었다. 그는 '**기꺼이, 즐거운 마음으로 공유하면 한 번에 파벌이나 학벌의 개념을 깨부수고 함께 모여 더 많은 가치를 창조할 수 있다**'는 점을 깨달았다. 그리고 또 하나, 잡노마드를 통해 오드리 탕은 인터넷 시대에는 이 세상 속 또 다른 장소에 나와 같은 문제를 직면하는 사람이 있을 깃이

고, 나는 공유하지 않더라도 다른 사람이 방법을 찾아 공유할 것이기 때문에, 사람들이 자신이 알고 있는 것을 공유하지 않아도 알아낼 방법은 있다는 것이다.

taker에서
giver로

과거의 오드리 탕은 늘 이렇게 생각했다. '나에게 있는 기술이 다른 사람에겐 없는데, 그럼 이 기술의 한계에 부딪혔을 때는 어떻게 해결하지?' 하지만 세계를 한 바퀴 돌고 나자, 그의 생각은 완전히 전복되었다. 더 이상 자신의 기술적 장애와 전문적인 한계를 어떻게 해결할지 고민할 필요가 없었다.

오드리 탕이 처음 실리콘밸리에 갔을 때, 사람들은 모두 각자의 기술이 어떤 특허를 출원했는지, 특허의 한계는 무엇이었는지 물었지만, 나중에는 다들 서서히 어떻게 서로의 필요를 충분히 채울 수 있을까에 집중하기 시작했다. 사실 특허를 강조할수록 사람들은 나누거나 기여하는 것을 꺼리게 된다. 그래서 그도 맹목적으로 기술이나 특허를 좇는 마음을 버리고 다른 사람의 필요를 들여다보

앗다. 예를 들어, 만약 커뮤니티에 공유된 80%, 90%가 이미 완성된 기술들을 습득한 상태로, 여기에 자신의 기술을 더하면 나머지 10%를 완성할 수 있고, 이를 자신의 필요에 맞게 바꿀 수 있었다.

이렇게 서로의 전공 기술을 공유하고 함께 협력하는 방식으로 전통적인 종속 관계를 완전히 타파할 수 있었고, 관리자라는 직책 없이 모두가 함께 모여 하나의 연구과제를 위해 각자 잘하는 것을 기증할 수 있었다. 오드리 탕도 이렇게 새로운 미래 업무 모델을 보게 된 것이다.

이외에도 2005년에 이미 실리콘밸리 소프트웨어 업계에서는 근무 시간 중 20%를 자신이 관심 있는 일에 쓰도록 장려하는 문화가 일상화되어 있었다. 모두가 각자의 연구를 이끌어 가는 사람이기 때문에 상사가 하라는 대로 할 필요는 없었다. 예를 들어, 구글은 공개적으로 이런 업무 방식을 장려했다. 오드리 탕은 인텔, 아마존, 마이크로소프트 연구원에 초청을 받아 강연하면서 지금 당장 돈이 되는 비즈니스 모델이 아니라 자신이 일 외적으로 관심이 있는 내용을 공유했다.

이는 오드리 탕에게 또 다른 새로운 세계로 다가왔다. 당시의 대만에는 이런 문화가 거의 없었기 때문이다. 대만은 원래 순수 소프트웨어 업계가 좁고, 기업들은 하드웨어 개발 주기에 맞춰 소프트웨어를 개발해왔으며, 소프트웨어 엔지니어도 제조업의 사고방식으로 업무를 대하고 있었다. 예를 들어, 직원이 꼭 사무실에서 일하길 바라고, 사장이 퇴근해야 퇴근을 할 수 있으니, 감히 미국 실리콘밸리의 수많은 회사가 공개적으로 근무 시간 중 20%의 시간을 직원 개인의 관심 분야 연구에 자유롭게 쓰게 한다는 걸 어찌 논하겠는가.

"세계는 이미 서서히 단단히 걸어 잠근 진지의 문을 열고, 서로 포용하고 개방하는 단계로 나아가고 있다."

두 번째 잡노마드에서 이런 인상적인 경험을 하고서 돌아온 뒤 오드리 탕은 한편으로는 은행을 위해 프로그램을 만들면서, 다른 한편으로는 펄16^{Perl6}에 대한 연구 개발을 계속했다. 하지만 일에 대한 그녀(2005년 이후 탕펑은 이미 성전환을 했기 때문에 '그녀'라고 표기한다._편집자 주)의 생각에는 이미 큰 변화가 있었다.

첫 번째 변화는 '기술을 보유한 사람'에서 '제공하는 사람'이 되는 것이었다. 과거에 탕펑은 프로그램을 만드는 속도가 매우 빨랐지만, 지금은 결과보다는 '과정'을 공유하는 것이 중요하다고 생각해 사람들이 자신이 프로그램을 개발할 때 과연 어떤 식의 추론을 거치는지 이해할 수 있도록 최대한 자기 생각을 명확하게 써서 블로그에 공유한다. 겉으로 보면, 프로그램 완성 속도가 떨어졌으니 그녀의 생산력이 떨어진 것 같지만, 실제로는 더 생산적인 업무를 하게 된 셈이다. 자신의 생각과 이념을 충분히 명확하게 기록해 온라인상에 공개함으로써 전 세계의 더 많은 사람이 그녀의 글을 참고할 수 있게 되었으니 말이다. 그녀는 "당신의 생각을 명확하게 설명할수록 더 많은 사람이 참여할 수 있다."라고 말했다.

비록 초보자들은 프로그램 만드는 속도가 오드리 탕보다 느리지만 공유와 학습을 통해 서로 다른 시간대의 사람들이 함께 시간을 들인 연구와 개발을 한데 모으면 그 힘은 무조건 한 사람의 힘보다 강력해진다.

그녀에게 깊은 인상을 남긴 장이춘章亦春이라는 소프트웨어 설계자가 있다. 그는 단 한 번도 '펄6Perl6'를 접해 본 적이 없었지만, 오드리 탕이 웹사이트에 발표한 글을 손으로 베껴 쓰며 오드리 탕의 생각을 처음부터 하나씩 따라가며 익혔다. 오드리 탕은 "이 방식은 그에게 매우 유용했고, 나중에 그는 세계적인 설계사가 되었다."라고 밝혔다.

세계 각지에 흩어져 있는 사람들과 함께 일하다

'기술을 보유한 사람'에서 '제공하는 사람'이 되기로 결심한 뒤 오드리 탕에게 온 두 번째 변화는 원격 근무이다. 그녀가 원격 근무를 하기로 결정한 것은 자신과 같은 취미를 가진 전 세계 사람들이 모두 하나의 연구 주제를 위해 모여 협력하고, 평소에는 각자의 장소에서 서로에게 방해받지 않는 모습을 보았기 때문이다. 이것이야 말로 그녀가 꿈에 그리던 업무 방식이었다.

2008년, 오드리 탕은 자신의 블로그에 이렇게 선포했다. "저는 집에서 일하겠습니다. 저를 집에서 일하게 해 주실 분 없나요?" 얼마 지나지 않아 페이스북과 소셜텍스트Socialtext 두 곳에서 잇따라 영입 의사를 밝혔고, 오드리 탕은 소셜텍스트를 선택했다.

소셜텍스트는 미국 캘리포니아에 있는 기업 소셜 소프트웨어 전문 기업으로, 사내 메신저와 커뮤니티 플랫폼을 구축하여 함께 일할 수 있는 환경을 조성했다. 기업의 안전망 안에서 직원이 원격 근무를 하든 사무실에서 근무하든 이 공동 작업 공간을 통해 정보를 공유하며 전문적인 지식을 쌓고 내부 소통을 강하게 해준다. 페이스북, 트위터, 위키피디아의 기능을 모두 합친 기업 내부용 소프트웨어를 만드는 회사인 셈이다.

페이스북과 소셜텍스트 모두 소셜 소프트웨어를 만드는 곳이지만, 페이스북은 대중에게 무료로 소프트웨어를 제공하는 반면, 소셜텍스트는 기업이 유료로 사용하는 소프트웨어와 서비스를 제공하는 회사.

그렇다면 오드리 탕은 왜 소셜텍스트를 선택했을까? 그의 말에 따르면 '페이스북은 모든 사람이 무료로 사용할 수 있었고, 소셜텍스트는 돈을 내야만 사용할 수 있었기 때문'이다. 하지만 오드리 탕은 여기서 '무료'라는 것은 진정한 무료가 아님을 잘 알고 있었다. 이들은 광고주에게 대신 돈을 받는데, 광고주 중에는 정치에 영향을 주려는 이들도 있다는 사실을 모두가 잘 알 것이다. 다시 말해, 페이스북도 어쨌든 돈을 벌어야 하고, 그 돈은 반드시 광고주들에게서 나와야 한다. 그래서 무료라는 말은 정말 자유롭게 쓸 수 있다는 뜻이 아니라 돈을 낸 사람에게 지배권을 넘겨준다는 뜻이다. 돈보다 더 큰 대가를 치러야 하니 오히려 더 안 좋은 결과를 초래할 수 있다.

하지만 소셜텍스트는 대기업이 내부에 페이스북, 트위터 등과 같은 소셜 플랫폼을 만들고 이를 업무 프로세스의 일부로 만들어 전문 지식을 쌓을 수 있도록 하는 업무용 소프트웨어를 제공하고 돈을 받는다. 유료의 장점은 적어도 기업이 소프트웨어와 이를 제공한 제조사의 가치가 같다는 점을 알고 있다는 것이다. 제조사가 고객사의 개인 정보를 파는 것은 아무런 유익이 없는 행동이다. 수익에 손실이 나기 때문이다.

"당신의 생각을 명확하게 설명할수록 더 많은 사람이 참여할 수 있다."

이것이 그녀가 선호하는 일에 대한 철학이었다.

오드리 탕은 2008년에 소셜텍스트에 들어가 2016년 최연소 정무위원(한국의 장관급)으로 정부에 입각하기 전까지 그곳에서 8년을 일했다. 이때 공식적으로 원격 근무 생활을 했으며, 대만에 거주하면서 온라인으로 전 세계 9개 시간대에 사는 다른 동료들과도 함께 일했다. 소셜텍스트가 직원들에게 원격 근무 환경을 제공하는 한편, 직원들 역시 회사를 위해 원격 근무에 알맞은 작업 프로그램의 연구 개발을 책임졌다. 오드리 탕은 "이는 자신이 담근 술을 자신이 마시는 것과 같다."라고 말했다. 대만 기업들이 최근 몇 년간 팬데믹의 여파로 이제야 원격 근무라는 새로운 근무 방식을 받아들인데 반해 오드리 탕은 이미 10여 년 전 소셜텍스트에서 원격 근무가 가져온 새로운 직장 문화를 경험한 것이다.

모든 직원을
창업 파트너로 대우하라

　소셜텍스트에 들어갔을 때 오드리 탕은 '어른처럼 행
동하라.'라는 회사의 휴가 수칙에 큰 울림을 느꼈다.
이 수칙의 의미는 '휴가를 너무 짧게 신청하지 마라.
그러면 본인에게도 좋지 않고, 장기적으로는 모두에게
좋지 않다. 하지만 휴가를 너무 길게도 신청하지 마라.
그러면 회사에도 좋지 않지만, 장기적으로는 본인에게
도 좋지 않다.'는 것이다. 다시 말해, 스스로 결정을 내
리되, 자신의 결정에 책임을 지라는 뜻이다.
　그녀는 이것이 자신이 자주 언급하는 피그말리온 효
과*와 같다고 말했다.
　직원들이 창업 파트너처럼 일해 주길 바란다면, 그들
을 창업 파트너처럼 대우해야 한다. 만약 창업 파트너
를 부하 직원처럼 대한다면, 그는 서서히 부하 직원 정
도의 일만 하는 사람이 될 것이다.

소셜텍스트에서는 모두가 함께 창업한 파트너와 같았다. 동료 간에 전통적인 수직 관계가 존재하지 않았으며, 모두 각자의 능력을 갖추고, 스스로 결정하고 책임을 지기 때문에 자연스럽게 누군가에게 휴가 승인을 받을 필요도 없었다. 그곳엔 전통적인 업무 고과가 없고, 승진 제도도 없었다. 각자의 가치는 각자의 기여도에 따라 결정되었다. 각자 어떤 일을 해야 하는지는 격주에 한 번 온라인 게시판에 전부 올라왔다. 모두가 서로의 업무를 볼 수 있고, 업무 진행률이 반영된 그래프도 꾸준히 업데이트되었다. 각자의 업무 진척도를 정확하게 알 수 있었다. 그래서 직원들은 회의 시간에 서로에게 단 세 가지 질문만 했다.

"어제 뭐 하셨어요?"

"오늘 아침에 뭐 하셨어요?"

"해결되지 않는 부분이 있나요?"

그들은 서로에게 내일 무엇을 할 것인지 묻지 않았다. 이미 게시판에 명확하게 올라와 있기 때문이다. 회의는 그저 서로의 현재 업무 진행 상황과 도움이 필요한 부분이 있는지를 확인하기 위해 열렸다.

---

* 피그말리온 효과 (Pygmalion effect) : 긍정적인 기대나 관심이 사람에게 좋은 영향을 미치는 효과. 1966년 미국에서 진행한 교육 심리 실험에서, 선생님이 어떤 학생들을 '영재'라고 인정하자, 사실 그들이 진짜 영재는 아니었지만, 선생님이 이를 일깨우고 격려하자 결국엔 영재가 된 케이스가 있다.

2주간의 개발 기간이 끝나면 온라인으로 리뷰 회의를 열었다. 프로젝트를 진행하면서 자신이 무엇을 기여하고, 무엇을 망쳤는지 돌아보고 각자 이를 위키에 기록하여 이에 관한 토론을 진행했다. 토론의 목적은 잘한 사람에게 보너스를 주기 위함이 아니라 지난 2주간의 실수들을 되짚어 보고 어떻게 해야 다음 2주간 같은 실수를 반복하지 않을지 의견을 나누고, 잘한 부분에 대해서는 다음 2주 동안 이를 제도화하기 위함이 전부였다.

하나의 프로젝트를 진행하는 동료들이 9개의 시간대에 생활하고 있었지만, 함께 회의할 수 있는 시간을 확실히 정해 두기만 하면 무리가 없었다. 예를 들어, 오드리 탕은 동료들과 함께할 수 있는 시간대를 온라인상에 기록해 두었다. 그러면 만약 어떤 문제가 생겨서 그녀를 찾아야 할 때, 동료들은 어느 시간대에 약속을 잡아야 할지 알 수 있었다. 당시의 원격 근무 환경에서는 대역폭이 그리 넓지 않았기 때문에 거의 모두 음성으로만 소통했다. 아직 지금처럼 팬데믹의 여파로 화상회의 등 각종 원격 소통을 위한 과학 기술 도구가 탄생하지 않은 시기였기 때문이다.

오드리 탕은 온라인에서 음성으로만 소통하니 오히려 의사 전달이 더 쉬웠다고 말했다. 만약 화상회의 시스템이 있었으면, 사람들은 단정하게 보이려고 자신을 꾸미는 데 시간을 더 써야 했을 것이다. 당시에는 지금의 코파일럿Copilot처럼 코드 몇 줄만 쓰고 주석 몇 가지만 달아 엔터키를 누르면 코딩이 완성되는 환경도 아니었기 때문에, 릴레이 위키 방식으로 모두가 힘을 합해 프로젝트를 완성했다.

자신이 담근 술을 자신이 먼저 마셔야 하는 것처럼, 오드리 탕이 소셜텍스트에서 일할 때 많은 동료가 원격 근무를 했기에 그가 연구한 것도 원격 근무에 필요한 업무 도구였다. 하지만 사실 원격 근무에서 극복해야 할 문제는 기술적 도구가 아니라 결국 '외로움'이었다. 도구의 문제는 오히려 해결하기가 쉬웠다. 당시 외로움을 해결하는 방법으로 제시된 것은 '현실 공유'였다. 모두 같은 시간에 온라인에서 만나 한곳에서 함께한다고 느끼는 것이었다. 서로 공간은 다르지만 함께 와인을 마신다거나 음식을 먹으면서 음성으로 혹은 다른 방식으로 공감대를 형성하며 익숙한 느낌을 받으면서 외로움을 상쇄하는 것이다.

먼 거리에 있는 동료들과 공감대를 형성하는 것 외에 오드리 탕에게는 온라인에 여러 커뮤니티가 있었다. 이 온라인 공동체들의 특징은 언제나 그 자리에 있으므로 내가 시간을 내서 들어가기만 하면 공동의 경험을 할 수 있었다. 예를 들어, 오드리 탕은 시간이 날 때 거브제로g0v*나 슬랙Slack 같은 채널에 들어가 둘러보고 함께 교류하기도 했다. 때로 사람들은 게더타운**에서 각자 자신의 캐릭

터를 선택하고 그 안에서 자유롭게 돌아다니며 서로 이야기를 나눌 수 있고, 그 안에 있는 가상 오피스에서 여러 큰 행사들을 열 수 있었다. 함께 놀고 싶은 사람은 언제든지 참여할 수 있었다.

이렇게 자신의 실생활 공간과 업무 공간 외의 '제3의 공간'에서 이야기도 나누며 게임도 하면서 먼 거리에서 떨어져 홀로 일하는 외로움을 덜 수 있었다. 내가 시간을 내지 못해도 이 온라인 공동체는 계속 운영될 것이며, 언제든지 참여해서 교류할 수 있다. 이는 혼자 컴퓨터 게임을 하는 느낌과는 다르다. 게임은 로그아웃하면 그 세상이 멈추기 때문이다.

협업 방식이 창조적 사고로 이어진다

오드리 탕은 소셜텍스트에서 8년간 일하면서 애플의 시리^{Siri}팀 컨설턴트로도 근무했다. 이 기간 동안 과학 기술 제품들은 끊임없이 등장했고, 전 세계의 직장에도 새로운 바람이 불기 시작했다.

2008년에는 3G 휴대전화가 나오면서 이동통신이 보편화되었고, 2010년에는 인스타그램이 등장했으며, 2012년에는 라인^{LINE}

---

* 거브제로(g0v) : 시빅 해커 치아량 카오와 함께 오드리 탕이 만든 오픈소스 플랫폼. 일반인이 이해하기 힘든 정부의 복잡한 자료를 시각화해 제공하며 모두가 참여하는 민주주의를 위한 실천 토대가 되었다.
** 게더 타운(Gather Town) : 화상회의 플랫폼에 메타버스 요소를 결합한 가상 오피스 플랫폼.

과 같은 소셜 플랫폼이 잇따라 전 세계를 휩쓸었다. 2015년에는 라이브 플랫폼 열풍과 공유경제 붐이 일면서 소통 채널은 더욱 확장되었다. 이런 변화는 직장에도 완전히 새로운 변화를 일으켰다.

실리콘밸리의 소프트웨어 회사인 소셜텍스트는 고객 대부분이 대기업이었다. 당시 대기업에서는 아주 불편한 문제가 있었는데, 바로 가장 경력이 많고 관리에 뜻이 있는 원로 직원이나 임원이 퇴직했을 때, 다음 세대의 젊은 직원이 업무 프로세스는 계승할 수 있지만, 기업 문화까지 계승하지는 못한다는 점이었다. 그 이유는 젊은 세대일수록 관리직을 맡는 것에 열정이 없고, 높은 자리에 오르고 싶어 하는 야심도 그리 크지 않기 때문이다. 이는 그저 자신을 소모시킬 뿐이라고 생각한다. 결국 원래 그 회사가 처음 창업할 때 강조했던 가치나 신념, 자부심으로 삼았던 기업 문화가 새로운 세대로 넘어가면서 서서히 퇴색되는 것이다.

게다가 전통적인 기업은 회사의 생존을 좌우하는 전문 지식이 특정 직원에게 있어서 그런 직원들이 잇달아 이직하거나 퇴직하면 그 전문 지식도 함께 사라지고, 후임자는 전임 직원이 쌓은 전문 지식과 문화를 배울 길을 잃게 된다. 이는 대다수의 대기업 CEO들이 가장 걱정하는 문제이다. 그래서 소셜텍스트에 있던 오드리 탕과 그의 동료들은 기업의 이런 결함을 보완하기 위해 '업무의 프로세스화In the Flow of Work'를 외쳤다.

'업무 프로세스화'란 현존하는 작업 습관이나 프로세스를 대신하는 것이 아니라 공동의 작업 공간을 만드는 데 필요한 것을 구축하는 것을 말한다. 직원들이 원격으로 화상을 통해 일하든, 다른 방식으로 일하든 이 공동의 작업 공간에 모두의 작업 문화와 전문 지식을 축적시키는 것이다. 이를 통해 더 많은 사람이 각자의 기여를 확인할 수 있고, 미래에 이 기업에 입사할 신입 직원도 다른 사람들을 귀찮게 하지 않으면서 이 기업 문화 저장 장치를 통해 자연스럽게 문화에 녹아들 수 있게 되는 것이다.

오드리 탕은 특히 막 직장에 발을 내디딘 신입 직원들은 대부분 능동적인데, 여기서 중요한 것은 '그들을 어떻게 관리하느냐가 아니라, 관리자들이 어떻게 그들의 능동성을 꺾지않느냐'라고 말한다. 그래서 기업은 직원들이 관리직을 기피하는 현상을 고민하기보다는 업무 프로세스와 개방된 공동 작업 공간을 구축하고, 회사가 중요하다고 생각하는 작업 문화를 이 소프트웨어 혹은 하드웨어를 통해 자동으로 실현되게 하는 편을 고민해야 한다. 그러면 관리자는 모든 사람의 업무 진행률을 주시하거나 다른 사람의 문제를 해결하느라 너무 많은 시간을 소비할 필요가 없을 것이다.

만약 2008년에 오드리 탕에게 업무적으로 달성하고 싶은 것이 무엇인지 물었다면 그녀는 '사람과 사람이 서로 공감할 수 있고 서로 협력할 수 있는 소프트웨어 도구를 만들고 싶다'고 답했을 것이다. 그 소프트웨어는 단지 조직에서 이 소프트웨어를 도입할 수 있는 능력이 있는 사람에게만 서비스가 제공되는 것이 아니라 모든 사람에게 제공되는 것이다. 다만 여기서 모든 사람은 스스로 결정할 능력이 있는 사람들이다. 또한 그것은 여유가 있는 사람만이 쓸 수 있는 것이 아닌, 누구나 사용할 수 있는 개방된 창조 공간이고, 사용자들에겐 무료로 제공되는 대신 광고주나 다른 부분에서 영업 수익을 충당한다. 이게 바로 오드리 탕이 소셜텍스트를 선택했던 이유다. 최소한 그녀는 직원들이 내부에서 사용할 수 있도록 비슷한 업무 프로세스를 제공할 수 있었다.

하지만 지금 오드리 탕에게 물으면 그녀는 그렇게 대답하지 않을 것이다. 기술과 도구는 필수적인 요소이지만, 이러한 기반을 갖추었다고 해서 사회가 반드시 그것을 사용해야 하거나 사람들이 해당 방법을 필연적으로 좋게 여기지는 않는다. 그래서 향후 그녀의 생각은 바뀌었다. 그녀는 이제 사람들이 새로운 아이디어를 만들어낼 수 있도록 돕는 협력 도구를 연구하는 대신, 사람들이 완전히 이해하고 경계를 넘어서 협력하는 것의 중요성을 널리 알리는 데 초점을 맞추었다. 더 넓게 생각하면, 오늘날 우리가 직면한 구조적이거나 전 세계적인 문제를 해결하기 위해서는 조직의 경계나 부서적인 접근을 넘어서는 방식으로 접근해야만 한다 주권적인 시각이나 선형적 사고로만 처리하려고 한다면 결코 해결할 수 없다.

오드리 탕은 향후 사람들이 관성적인 사고방식에 묶이거나, 어두운 미래에 대한 두려움에 사로잡히는 일이 없도록 끊임없이 노력했다. 그녀는 더 넓은 시각과 문제 해결 가능성을 가진 협업 방식을 제공하고자 했다. 이것은 만병통치약은 아닐지라도, 최소한 앞으로 나아가는 방법이자 창조적 사고로 이끄는 방법이라고 믿었다.

이는 그녀가 2016년에 정부에 입각하여 디지털 담당 정무위원을 맡아 정부 기관에서 일할 때 도입을 시도한 새로운 업무 관리 기술이기도 하다. 이러한 그녀의 노력은 수많은 크고 작은 일들을 처리하는 정부의 업무 수행을 향상시키는 데 도움을 주었다.

내 인생의 주인이 되는
시간 관리법

오드리 탕의 하루를 보면 탄성이 절로 나온다. 그녀의 하루 속에는 효율성을 정의하는 문구를 그려낸 듯한 그림이 담겨있다. 그녀가 누구에게나 공평하게 주어지는 24시간을 야무지게 쪼개, 어떻게 크고 작은 수많은 일들을 효율적으로 처리하면서 삶의 질과 학습의 필요성까지 고루 챙기는지 알 수 있다.

2020년, 한 매체에서 오드리 탕이 '포모도로 기법'*으로 시간을 관리한다고 보도하면서 열띤 논쟁을 불러일으킨 적이 있었다. 그 덕분에 많은 사람이 이 기법의 높은 효율성을 알게 되었을 뿐만 아

---

* 포모도로 기법 (Pomodoro technique) : 1980년대 후반 이탈리아의 프란체스코 시릴로(Francesco Cirillo)가 제안한 것으로, 25분간 집중해서 일이나 공부를 한 뒤 5분간 휴식하는 방식을 네 번 반복하는 사이클로 이루어지는 시간 관리법.

니라 오드리 탕에 대한 인식이 완전히 달라졌다. 오드리 탕이 현명한 시간 관리를 통해 뚜렷한 사고를 하고, 업무에 얽매이지 않으면서 자기 삶을 주체적으로 이끌어 간다는 사실을 알게 된 것이다.

사실 디지털 세계에 정통한 오드리 탕에게 업무 효율성을 높이는 방법은 여러 가지가 있었고, 포모도로 기법은 그녀의 시간 관리 기법 가운데 하나일 뿐이었다. 이 기법은 추후 다시 자세히 설명하겠다.

오드리 탕의 하루를 살펴보면 그녀가 어떻게 그렇게 크고 작은 일들을 효율적으로 처리하는지, 삶의 질과 학습의 필요성을 고루 챙기는지 알 수 있다.

과거 오드리 탕은 원격 근무 때문에 반드시 시간대를 초월해 사람들과 소통해야 했고, 새벽이 되어서야 휴식을 취할 수 있었다. 그래도 건강 관리를 위해서 보통 잠은 8시간을 잤다. 그러다 디지털 담당 정무위원을 맡고 나서는 매일 아침 9시까지 출근해야 했기 때문에 아침 시간을 다음과 같이 바꿨다.

-매일 아침 7시쯤 기상

-잠시 어젯밤 꿈속에서 떠오른 생각을 되새기는 시간 갖기

-떠오른 생각이나 아이디어를 기록하기

-아침 먹기

-점심 도시락 준비하기

-걸어서 출근하기

오드리 탕은 업무나 수면에서만 시간 관리 기법을 사용하는 것이 아니라 자신의 시간을 더 잘 관리하기 위해 매일 도시락을 싸는 재료도 전문 업체에 외주를 맡긴다.

도시락을 싸는 데는 그리 많은 시간이 걸리지 않는다. 대강 10분이면 충분하다. 하지만 재료 준비엔 시간이 꽤 소요된다.

2021년 초에 오드리 탕의 회사는 입주 회사 설명회를 개최하고 각 회사의 새로운 아이디어를 발표하게 했다. 오드리 탕은 이 설명회에서 'Fresh Recipe享廚好食'라는 신생 회사를 발견했는데, 이곳은 영양사가 하루 세끼를 계획해 주는 서비스를 제공한다. 그녀는 이 방식이 시간도 절약해 주고, 생활과 음식에 관련된 문제도 해결해 줄 수 있으리라 생각했다.

그래서 오드리 탕은 이 신생 회사에서 직접 식재료를 주문해 먹기 시작했다. 그들은 매주 오드리 탕이 먹고 싶어 하는 음식에 맞춰 미리 식재료를 씻고 다듬어 집으로 배송했다. 오드리 탕은 받은 식재료를 냉장고에 넣어 뒀다가 매일 아침 식재료를 냄비에 넣고 10분 이내로 볶아 내기만 하면 끝이었다. 최근에는 도시락을 준비하는 시간이 2~3분 이내로 줄어들었다. 그녀는 "요즘은 푸도 부쳐 먹기 때문에 시간이 훨씬 덜 걸려서 2~3분이면 충분하다."라고 웃으며 말했다.

그녀는 플레이팅이나 특별한 목적이 없는 한 채소를 나듬는 일은 스스로 하든 다른 사람이 해 주든 별반 차이가 없기 때문에 재료를 준비하는 데 너무 많은 시간을 쓰고 싶지 않다고 생각했다. 그녀는 'Fresh Recipe'를 통해 식재료 준비라는 비교적 기계적인 업무는 전문 회사에 맡기고, 어떤 양념과 식재료를 사용할지만 요리하는 자신이 결정하는 식으로 시간을 관리했다.

"좋은 식재료가 미리 준비되어 있으면 요리에 필요한 시간이 짧아지고 많은 사람이 건강한 습관을 들일 수 있다." 오드리 탕은 많은 사람이 스트레스를 풀기 위해 고칼로리의 음식을 배달시키거나 소셜 미디어에서 누군가 야식을 먹는 것을 보고 자극적인 음식을 섭취한다고 말했다. 그러면 알게 모르게 몸에 아주 큰 부담을 준다. 하지만 전문 영양사에게 식재료 준비를 맡기면 영양 부족이나 무분별한 식사를 걱정할 필요도 없고 정신 건강에도 좋다.

시간을 절약하고 건강도 챙길 수 있다는 점 외에도 식재료를 주문해 먹는 것에는 또 다른 장점이 있다. 그것은 오드리 탕이 퇴근할 때, 업무로 인한 긴장 상태로 집에 돌아오는데, 저녁 식사를 준비하면서 긴장을 해소할 수 있다는 점이다. 과거에 그녀는 음악을 듣거나 온라인에 글을 남기면서 긴장을 풀었는데, 식사 준비부터 음식을 완성하는 과정에 재미를 느끼면서 이것이 긴장을 푸는 새로운 습관이 되었다.

포모도로 기법으로 내 시간의 주인으로 산다

아침에 도시락을 싸고 난 뒤에 오드리 탕의 시간은 또 어떻게 흘러갈까? 그녀는 출근하기 전에 한 번, 퇴근 후에 한 번 '라인LINE'을 확인하고 업무 중에는 절대 확인하지 않는다. 라인에서든 왓츠앱WhatsApp에서든 많은 사람이 별생각 없이 대화를 시작하고 끊임없이 서로의 집중력을 빼앗기 때문이다. 그 과정에서 가장 시간이 많이 소모되는 일은 글을 쓰는 일이다. 글을 쓰려면 생각해야 하고 또 즉각적으로 상대방에게 반응해야 한다. 누구든 이렇게 산만하면 효율적으로 무언가를 처리할 수 없다. 그래서 그녀는 하루에 딱 두 번만 라인을 확인한다. 모두가 생각을 정리한 뒤에 그녀에게 밀을 걸노록 하여 서로의 시간을 낭비하지 않기를 바라기 때문이다.

업무가 시작되면 그녀는 포모도로 기법을 사용한다. 하루 근무 시간을 여러 조각으로 나눠 각각 포모도로 기법을 적용하고, 미리 업무 진행률을 계획한다.

포모도로 기법은 1987년 프란체스코 시릴로가 내학교에 다닐 때 발명한 방식이다. 당시 그는 시험을 준비하고 있었고, 3권의 책을 읽어야 했지만, 계속 마음이 들뜨고 산만해져서 한 챕터를 집중해서 읽을 수가 없었다. 한참의 궁리 끝에 그는 주방에서 토마토 모양의 요리용 타이머로 10분을 설정하고 그 시간 동안 다른 일은 하지 않고 오로지 책만 읽기로 했다. 예상외로 이 방법은 매우 효과가 있었고, 그는 결국 시험에 통과할 수 있었다. 훗날 그는 끊임없는 실험을 통해 25분 동안 일하고 5분 동안 쉬도록 설정하는 것이 가장 효율적인 시간 관리 방법이라는 점을 발견했고, 이 방법을 사람들에게 전수하기 시작했다. 그리고 2006년에 이 방법을 소개하는 책을 펴냈다.

뜻밖에도 이 간단한 시간 관리법은 몇 년 만에 전 세계를 휩쓸었고, 많은 사람이 이 방법으로 시간 관리를 하기 시작했으며, 심지어 《뉴욕 타임스》에서도 특별히 이 방법을 소개했다. 이를 통해 그는 여러 과학 기술 도구들이 현대인들의 집중력을 방해하고 밤낮없이 각종 정보를 받아들이게 하면서 뇌가 제대로 차분히 일에 전념할 수 없게 한다는 것을 깨달았다.

포모도로 기법이 많은 사람에게 환영을 받은 것은 25분의 시간이 일에 전념하기에 너무 길지도 짧지도 않은 적당한 시간이고, 이 25분 동안 외부 정보가 들어오거나 일시적으로 처리해야 할 다른 일이 생각나더라도, 그 시간이 끝날 때까지 기다렸다가 처리해도 일을 그르치거나 늦을 리가 없기 때문이다. 다만, 전 세계를 휩쓸었던 이 시간 관리 기법이 당시 대만에서는 그다지 사람들의 관심을 끌지는 못했다. 그러다가 2020년에 팬데믹을 겪으면서 전 세계가 원격 근무 체제에 돌입하자 언론에서 원격 근무의 베테랑인 오드리 탕이 일찍부터 포모도로 기법을 사용했다고 보도하고 나서야 사람들의 주목을 받기 시작했다.

오드리 탕은 이 기법을 사용하면서 25분간 업무를 보는 동안에는 온 정신을 집중해 일했다. 이메일을 확인하지도 않았고 휴대전화도 방해금지모드로 설정해 알람이나 전화 수신 표시조차 뜨지 않게 했다. 25분이 지나 타이머가 울리면, 그제야 5분간 휴식 시간을 가지면서 이메일 답장을 보낸다. 휴식 시간 5분이 끝나면 다시 타이머를 맞추고 다음 업무를 시작한다.

이 기법의 장점은 타이머를 설정하는 시간이 그렇게 길지 않다는 점이다. 25분은 이메일에 답장을 하지 않는다고 해도 그리 큰 실례가 되지 않는 정도의 시간이다. 어차피 이 기법을 사용하는 이유는 업무에 집중하기 위해서이기 때문에 한 텀이 중간에 끊겨서는 안 된다. 하지만 살다 보면 예상치 못한 일이 생길 수 있다. 재택근무를 하고 있다면 갑자기 택배가 도착할 수도 있고 각종 대여 제품의 점검을 위해 기사가 방문할 수도 있다. 이처럼 예기치 못하게 업무가 중단되었다면 오드리 탕은 이번 타이머 설정을 취소하고 방금 하려고 했던 일을 다음 타임으로 넘겨 진행한다. 만약 오늘 출근해서 7개의 타이머를 설정할 계획이었으나, 네 번째 타임에서 중간에 업무가 중단되었다면, 다섯 번째 타임에 네 번째 업무를 하는 것이다.

쉬는 5분 동안 오드리 탕은 이메일은 확인하면서 라인은 확인하지 않는 루틴을 가지고 있는데, 그 이유는 무엇일까? 사람들이 이메일을 보낼 때는 한 줄씩 보내는 것이 아니라 한 문단을 모두 완성한 뒤에 보낸다. 그래서 그가 25분에 한 번씩 확인하는 이메일은 모두 온전한 맥락이 있는 글이기 때문에, 2분 안에 이를 처리할 수 있을지 없을지를 바로 판단할 수 있다. 가능하다면 바로 처리하면 되고, 불가능하다면 누가 자신보다 이 일을 처리하기에 적합한지 판단해 이메일을 전달해 주고 그 사람에게 처리하게 하면 된다. 이렇게 아주 빠르게 대부분의 이메일을 처리할 수 있다. 하지만 라인은 그렇지 않다. 이야기를 시작하면 언제 끝날지 모를 대화들이 끊임없이 이어진다.

마지막 타임인 저녁 7시 퇴근 전, 그녀는 오늘 주고받은 모든 이메일을 다시 한번 확인한다. 그리고 퇴근한 후에는 개인적인 시간이 시작되므로 더 이상 이메일을 확인하지 않는다.

이것이 바로 오드리 탕의 하루다. 그녀는 주도적으로 시간을 관리하고 시간에 끌려다니지 않으며 더 효율적으로 '오늘 할 일은 오늘 끝내자'라는 목표를 달성한다.

시간을 앗아가는 정보 기기의 중독을 막는 법

오드리 탕이 시간을 절약하는 또 다른 방법이 있다. 보통 사람들도 잘 알고 있는 방법이지만 행동으로 옮기지 못할 뿐이다. 그녀는 퇴근한 뒤에 정보 기기를 사용할 때, 화면을 확대하거나 축소하는 경우를 제외하고는 반드시 손가락 대신 터치펜을 사용한다. 아이패드를 사용할 때도 키보드나 애플 펜슬을 호환해 사용한다. 이를 고집하는 이유는 오드리 탕이 의식적으로 스크린을 손가락으로 직접 터치하는 것을 피하기 때문이다. 애플의 창업자 잡스는 이런 명언을 남겼다. "우리는 태어날 때부터 최고의 포인팅 장치인 손가락을 가지고 태어났다." 그런데 왜 오드리 탕은 손가락 대신 터치펜만 사용할까? 터치펜이 시간 절약과 무슨 관련이 있을까?

잡스가 터치스크린을 세상에 내놓았을 때, 사람들은 언제 어디에서나 인터넷을 할 수 있는 터치스크린에 대한 경험이 전혀 없을 때라 두 손을 반겨 환영했다. 손가락만 살짝 갖다 내밀면 원하는 정보를 바로 볼 수 있는 세상이라니, 그야말로 요지경 속 세계였다. 하지만 그것의 단점은 정보 기기의 빈번한 사용과 함께 서서히 드러나고 있다. **오드리 탕은 손가락으로 직접 터치스크린을 사용하면 뇌가 휴대전화를 신체의 일부라고 착각하고, 손가락이 받는 모든 자극도 신체 일부가 되어 버린다는 것을 진작부터 알고 있었다.** 이로 인해 우리는 무의식적으로 스크린을 터치하고 하이퍼링크나 빨간 동그라미 안 숫자를 보면 누르고 싶어 안달이 난다. 잠시라도 멈춰서 '도대체 이것이 무엇인지, 살펴봐야 할 것인지' 생각한 뒤에 행동하지 않는 것이다. 이는 두더지 잡기와 매우 비슷하다. 스크린 속 특정 모양을 보기만 해도 꼭 어떤 방식으로 상호작용해야 한다고 생각한다.

그렇게 점점 뇌가 가상과 현실의 경계를 구분하지 못하게 되고, 결국 우리에겐 창조적인 사고를 할 여유가 사라진다. 이것이 오드리 탕이 터치펜이든, 음성 제어 시스템이든, 키보드든 간에 장치와 그녀 사이에 하나의 벽을 세우는 이유이기도 하다. 손을 사용하지 않으면 이를 신체 일부라고 생각하지 않기 때문에 터치스크린을 직접 접촉하는 것을 막음으로써 정보 기기에 중독되는 것을 방지할 수 있다.

즉, **터치펜을 방패 삼아 사용자는 이성을 되찾기가 비교적 쉬워지고, 수많은 의미 없는 시간을 낭비하지 않고 언제든지 정보 기기**

에서 벗어나 다른 일을 할 수 있다. 이미 정보 기기에 중독되었다면 포모도로 기법을 활용해 25분마다 휴식 시간을 가지며 스크린에서 벗어나 다른 일을 해 보자.

집중력을 흐뜨리는
쓸데없는 정보를 차단하라

오드리 탕이 시간을 절약하는 또 다른 방법은 페이스북을 활용하는 것이다.

그녀의 페이스북에 로그인하면 메인 페이지에 아무런 광고도 뜨지 않고 매우 깨끗하다는 것을 알 수 있다. 보통은 메인 페이지에 각종 광고가 넘쳐나는 것과는 완전히 다른 모습이다. 그녀는 도대체 어떤 술수를 쓴 것일까?

프리 소프트웨어(Free software, 공개 소프트웨어) 개발자인 그녀에게 '페이스북의 광고 지우기'는 너무나도 쉬운 일이다. 그녀는 자신의 브라우저에서 'feed eradicator'*라는 확장 앱을 실행시켜서 페이스북의 인터페이스를 정리한다. 그렇게 모든 피드를 거둬 내고 그 자리에 자신에게 힘을 주는 격언을 적어 둔다. 이 역시도 삶의 주도권을 되찾기 위해서다. 페이스북이 그녀의 자료와 흔적을 절대 수집할 수 없게 만들고, 알고리즘에 묶이지도, 광고로 인해 감정을 조작하지도 못하게 만드는 것이다.

우리는 모두 인터넷에선 '모든 접촉은 흔적을 남긴다'라는 것을 알고 있다. 우리가 페이스북에 접속하면 보통 끊임없이 영화나 광고들이 추천되며 우리를 방해하고 현혹해 그것에 더 오래 집중하게 한다. 하지만 오드리 탕에겐 이런 방법이 통하지 않는다. 예를 들어, 그녀가 오늘 어떤 일에 관심이 생기면, 그것의 핵심 키워드를 입력한 뒤 그 키워드와 직접적으로 관련된 페이지에만 접속한다. 이는 1 대 1의 관계이다. 어떤 키워드를 입력했다고 해서 페이스북 화면에 추천 광고가 쏟아져 그녀의 집중력을 흐트러뜨리지 못한다.

오드리 탕은 페이스북이 끊임없이 영화나 광고들을 추천하여 사용자들의 관심을 끌 수 있는 것은 사용자들을 타깃으로 한 인공지능 로봇이 있기 때문이라는 사실을 아주 잘 알고 있다. 사용자가 페이스북에서 페이지를 스크롤할 때 어떤 화면에서 얼마나 머물렀는지, 어떤 것을 클릭했는지 등을 통해 이 로봇은 점점 더 성장하게 되고, 결국 사용자를 더욱 이해하게 되어 사용자가 흥미를 느낄 만한 것들을 끊임없이 늘어놓는다. 그중 어떤 새로운 것에 마음이 사

---

* feed eradicator . 페이스북에서 뉴스 피드를 제거해 주는 크롬 확장 앱.

로잡히면 현대인은 더 이상 한 가지 일에 집중할 수 없게 된다.

"시간에 쫓기지 말고 자기 일과 삶의 리듬을 주도적으로 관리해야 삶이 여유롭고 즐겁다."

오늘날 커뮤니티 사이트들은 현대인의 삶의 일부분이나 다름없다. 업무 중에도 휴대전화로 커뮤니티의 게시글을 확인한다. 대부분 사람의 휴대전화에는 하나 이상의 소셜 미디어 앱이 깔려 있을 것이다. 우리가 어떤 페이지에 접속하면 미처 확인하지 않은 게시물이 가장 상단에 놓이게 되는데, 이로 인해 다른 소셜 미디어에는 또 다른 새로운 게시물이 있지 않을까, 다른 곳에는 그다음 이야기가 있지 않을까 하는 호기심이 생기기 시작한다. 결국 우리는 집중력 결핍 상태에 빠진다.

오드리 탕은 "진정한 자유는 스스로 통제할 능력이 있을 때만 가능하다."라고 말한다. 그녀는 시간에 쫓기기보단 자기 일과 삶의 리듬을 주도적으로 통제해야 삶이 여유롭고 즐겁다고 생각한다.

일과 삶의 리듬을 주도적으로 관리하라

오드리 탕의 하루는 겉보기에는 우리와 비슷해 보인다. 대부분 아침부터 저녁까지 일하며 살고 있기 때문이다. 하지만 그녀는 포모도로 시간 관리 기법 사용하기, 손가락 대신 터치펜으로 터치스크린 사용하기, 페이스북 인터페이스 정리하기, 'Fresh Recipe'에서 식재료 배송 서비스 구독하기 등을 통해 시간의 주도권을 되찾고 시간을 재배치하는 것을 항상 일상생활에서 의식주만큼이나 매우 중요하게 여겨 왔다.

그녀는 사람마다 익숙한 방식이 다 다르고, 어떤 사람들은 여러 채널을 빠르게 전환할 수 있고, 멀티가 잘될 수도 있으며 그게 나쁜 것은 아니라고 말한다. 하지만 오드리 탕 자신은 그런 사람이 아니고, '듣기'에서부터 '학습', '이해', '반응'에 이르는 일련의 과정을 그렇게 빠르게 소화할 수 없으며, 한 단계 한 단계 전환하는 데 일정한 시간이 필요하다고 했다. 새로운 자극을 받으면 감정도 요동치기 때문에 그녀는 자신에게 일정한 시간을 주어 차분하게 감정을 가라앉힌 뒤 문제를 처리한다.

그녀는 모두가 자기 자신을 정확하게 알아야 한다고 강조한다. 특히 성인이라면 자신의 인지 패턴을 어느 정도 이해해야 한다. 자신의 감정, 인지, 주의력 사이의 주파수가 무엇인지, 자신이 어떤 방식으로 일을 처리하는 것에 익숙한지 등을 알아야 하는 것이다. 만약 한 번에 한 가지 일만 집중해서 처리할 수 있다면, 먼저 한 가지 일을 끝내고 난 뒤에 다른 일을 진행해야 한다. 수많은 유용하고 편리한 과학 기술 도구를 활용해 시간의 리듬을 설정하고 효율적으로 각각의 업무를 완성한다. 그녀는 주도적으로 시간을 통제하고 자신의 리듬에 맞게 분해했기 때문에 집중해서 수많은 일을 처리할 수 있었다. 이것이 그녀가 효율적으로 업무를 처리하는 비법이다.

오드리 탕은 이미 악플러들을 유머러스하게 대하는 것에 익숙해졌다. 심지어는 "악플러들을 참교육하는 것도 일종의 멘탈 마사지다."라고 말하는 지경에 올랐다. 그녀는 자신을 공격하는 악플러의 글에서 건설적인 의견이 있는 글을 찾는다. 설령 10줄 중의 9줄이 욕과 화풀이여도 단 한 줄에 건설적인 내용이 있다면, 다른 9줄의 감정적인 내용에는 신경 쓰지 않고 진지하고 이성적으로 답한다.

PART 3

집중력 결핍의 시대

: 강력한 멘탈만이 살아남는다

NEW
THINKING

수시로 집중력을
도둑맞고 있다

오드리 탕은 하루에도 수십 건의 일처리를 할 때가 있다. 그렇더라도 그녀는 단 한 번도 당황하거나 우왕좌왕하는 법이 없다. 늘 날카로운 시선으로 자료를 들여다보며 냉철한 판단력을 보인다. 뇌를 자극하는 수많은 자료와 매체 속에서 어떻게 그녀는 강력한 집중력을 유지하는 것일까?

2008년에 오드리 탕은 미국 캘리포니아 실리콘밸리에 본사가 있는 소셜텍스트에 들어갔다. 그녀는 그곳에서 데스크톱 업무 프로그램을 만드는 일을 담당했는데 라인이나 왓츠앱 같은 실시간 통신 소프트웨어를 만들고, 주의력 관리 기능을 제공하며, 사용자들이 제한된 시간 안에 효율적으로 많은 일을 처리할 수 있게 도왔다.

하지만 그들이 미처 생각지 못했던 것이 있었다. 통신 소프트웨어가 단 하나뿐이라면 업무 생산력에 큰 도움이 되겠지만, 동시에 두세 가지의 통신 소프트웨어를 사용한다면 생산력이 바닥을 칠 것이라는 점이었다. 오드리 탕은 휴대전화에 세 가지 이상의 통신 소프트웨어가 설치되어 있으면 주의력을 빼앗기는 문제가 발생할 수 있고, 심지어 하나의 메시지를 끝까지 제대로 읽을 수도 없게 된다고 했다. 갑자기 라인에서 당신의 답장이 필요한 메시지가 올 수 있고, 또 갑자기 새로운 이메일이 도착했다는 알람을 받을 수도 있으며, 이따금 문자 알람도 울릴 수 있다. 이렇게 통신 소프트웨어들이 끊임없이 당신을 괴롭히면, 당신이 메시지에 답장을 하고 있는데도 다른 소프트웨어 알람이 울리는 무한 루프에 빠진다.

이처럼 IT의 늪에 빠지게 된 사용자는 순간순간 다른 맥락의 이야기를 넘나들면서 사고가 중단되고, 사고가 중단되면 '주의력 결핍' 상태에 빠질 수밖에 없다. 오드리 탕이 포모도로 기법을 사용하는 것은 바로 이런 상태에 빠지지 않기 위해서다. 특히 팬데믹을 겪으면서 세계는 이미 원격 근무의 시대에 돌입했다. 여기서 중요한 것은 **원격 근무가 단순히 근무 장소를 실제 사무실에서 다른 공간으로 전환한 것이 아니라 각자의 시간에 대한 인식을 변화시켰다는 점이다.**

오드리 탕은 각종 메시지에 방해받지 않는 것이 원격 근무자에게 매우 중요하다고 생각했다. 관리자가 '사무실에서 내가 누군가에게 다가가면, 그 사람은 하던 일을 멈추고 바로 나를 응대해야 한다.'라는 마인드를 가지고 있었다면, 원격 근무로 전환했을 때는 '내가 언제 연락하든, 곧장 대답해야 한다.'라고 생각할 수 있다. 하지만 이 두 가지는 완전히 다르다. 실제 사무실에 있을 때는, 사장이 직원에게 다가가면 직원의 주의력은 100% 사장에게 집중되지만, 원격 근무를 할 때는, 직원이 사장에게 답장을 보낼 때, 그의 컴퓨터에는 다른 윈도우 창이 3개나 더 열려 있을 수도 있다. 그렇다면 그의 주의력은 4분의 1밖에 되지 않는다. 그리고 이렇게 주의력을 분산시키면 업무 품질은 갈수록 나빠질 수밖에 없다.

특히 사장이나 동료들 때문에 업무가 자꾸만 중단된다면 직원의 업무 진행이 더뎌지고, 이 과정이 반복되면 진행 자체가 불가능해질 것이다. 그래서 타이머 등을 이용해 직원들이 미리 시간 계획을 세울 수 있도록 돕는 것이 업무 효율을 높이고 삶의 질을 높이는 중요한 방법이다.

자신의 시간 구조를 유지하는 것 외에도 오드리 탕은 원격 근무 시대의 근로자들에게 아주 중요한 깨달음을 주었다. 그것은 바로 사람들에겐 각자만의 시간 구조가 있고, 서로를 직접 볼 수 없을 때 서로의 시간 구조를 더욱 존중해야 한다는 사실이다. 예를 들어, 오드리 탕은 자신의 시간 구조상 30분에 한 번씩만 메시지나 이메일에 답장할 수 있기 때문에, 상대방이 5~6분 안에 답장해 주길 바란다고 해도 그녀는 그럴 수 없다.

그래서 오드리 탕은 "이것부터 얘기하고 시작하겠습니다. 상대방이 말하지 않아도 알 것이라고 기대하지 마세요."라고 미리 언급한다. 얼굴을 맞대고 일할 때는 상대방의 요구를 받아들이기 어려울 때, 말하지 않아도 표정이나 반응만 보고도 이를 받아들일 수 없다는 것을 상대방이 알 수 있다. 하지만 인터넷을 통한 원격 근무에서는 당신이 난처한 표정을 짓고 있는지 상대방은 알 길이 없다. 그래서 제대로 설명하지 않으면 업무적 충돌을 일으킬 수 있다.

따라서 원격 근무를 할 때는, 서로 업무 경계 설정에 대해 처음부터 명확하게 설명해야 한다. 상대방이 이에 익숙하지 않더라도 반드시 처음에 먼저 잘 설정해 놔야 한다. 이를 고집하는 것에 분명 일리가 있음을 상대방도 천천히 깨달을 것이다.

오드리 탕은 "분위기를 읽으려 하지 마라. 분위기는 원격으로 전해지지 않는다."라며 유머러스하게 말한다.

포모도로 기법에 GTD 기법을 접목하다

오드리 탕처럼 미리 시간 구조를 배치하는 것은 사장과 업무방식에 대해 논할 때도 적용된다. 예를 들어, 2016년에 오드리 탕이 정부 기관에 입각하기 전에 그녀가 제시한 입각 조건 중 하나가 바로 수요일과 금요일에는 사무실에 나가지 않고 원격으로 근무를 하는 것이었다.

왜 그녀는 일주일에 이틀은 반드시 원격 근무를 고집했을까? 그녀가 디지털 정무위원이라는 직책이 제시되었을 때, 업무는 익숙한 영역이었지만 각 지방 정부나 부처에서 온 여러 새로운 자료는 그녀에게 낯선 것이었다. 그러니 따로 검토할 시간이 필요했다. 그녀가 정보 처리를 잘하는 사람이긴 해도 각 분야의 전문가는 아니므로 이 자료들을 정독하고 관련 지식을 학습해야만 피드백이 가능한 것이다.

새로운 것을 배워야 할 때, 오드리 탕이 불안감을 해소하는 방식은 그것에 충분한 시간을 투자하는 것이다. 그녀는 새롭다고 해서 무조건 이해하기 어렵거나 불가능한 것이 아니라 그 지식이나 정보를 잘 이해할 수 있도록 시간을 투자하면 가능하다고 생각했다. 그녀의 말처럼 어떤 일이든 시간을 투자한다면 쉽게 배울 수 있다.

여기서 문제는 그녀가 매일 9시에 출근해서 5시에 퇴근할 때까지 행정원에서 일해야 한다는 점이었다. 이런 새로운 자료들을 잘 흡수하려면 자신의 업무 리듬을 통제할 수 있어야 하는데, 사무실에 있으면 휴대전화를 꺼둔다고 해도 동료가 언제든지 사무실로 찾아올 수도 있고, 장관이 갑자기 회의를 소집할 수도 있으므로 그녀의 업무는 중단될 수밖에 없다. 그래서 그녀는 일주일의 업무 시간을 자신의 업무 리듬에 맞게 나눴다. 예를 들어, 월요일, 화요일, 목요일의 근무 시간에는 주로 동료들과 논의를 하거나 회의를 진행했지만, 수요일과 금요일에는 원격으로 근무하면서 자신만의 공간에서 다른 일에 신경 쓰지 않고 오로지 새로운 지식을 흡수하고 소화하는 데 집중했다.

"이렇게 해야 부서 동료들이 어떤 자료들을 주었을 때 갑자기 또 새로운 일이 발생했다는 느낌을 받지 않고 급히 반응하지 않아도 된다."

이처럼 그녀는 자신에게 일주일에 이틀씩 로딩하는 시간을 제공한다. 화요일에 어떤 상황이 생기면 수요일에 곰곰이 생각해 보고 목요일에는 어떤 시스템을 통해서 이를 처리할지 결정하는 것이다. 이는 자신에게 일을 처리하는 업

"사람들에겐 각자만의 시간 구조가 있고, 서로를 직접 볼 수 없을 때 서로의 시간 구조를 더욱 존중해야 한다."

무 리듬을 만들어 주었다.

여기서 하나 언급해야 할 것은, 그녀가 포모도로 기법과 함께 자신이 해야 할 일의 중요성과 긴급성을 기록하는 데 GTD^{Getting Things}^{Done} 기법을 사용한다는 점이다.

'GTD 기법'은 오랜 기간 경영 컨설턴팅과 기업 고위 간부 교육을 해왔던 데이비드 앨런^{David Allen}이 『끝도 없는 일 깔끔하게 해치우기(원제: Getting Things Done)』(21세기북스, 2011)에서 언급한 기법이다. 그는 수만 명 사용자의 경험을 결합하고, 인지 과학적 연구와 실험을 토대로 실용적이면서도 간단한 개인 관리 시스템인 일종의 행동 관리 기법을 제시했다.

앨런이 이 기법을 만들어낸 가장 주된 원인은 바로 모든 사람이 "할 일은 많고 시간은 없어."라는 말을 입에 달고 살기 때문이다. 머릿속에는 늘 해야 할 일들로 가득 차 있고, 이것들은 우리를 산만하게 만들어 지금 하는 일을 방해하기 일쑤이다. 그러나 GTD를 사용해 우리는 언제든지 이런 일들을 기록할 수 있다. 그러면 우리의 뇌는 더 이상 아직 끝마치지 못한 일을 자신에게 또 상기시킬 필요가 없으므로 지금 하는 일에만 온전히 집중할 수 있다.

간단하게 말하자면, 오드리 탕의 시간 관리 기법은 포모도로 기법과 GTD 기법 2가지를 접목한 것이다. 그 둘 중 하나는 '수집'으로 언제든 해야 할 일이 생겼을 때 이를 곧바로 기록한 뒤 더 이상 생각하지 않는 것이고, 나머지 하나는 '검토'로 급한 일이 아닌 주기적으로 해야 하는 일들을 정리하기만 하면 된다.

이 두 가지를 통해 해야 할 일들의 중요성과 긴급성을 구분한 뒤 포모도로 기법으로 집중해서 처리하면 아주 높은 효율성을 가진 업무 리듬을 만들 수 있다.

멘탈 마사지를 받으면
유리멘탈도 고칠 수 있다

우리는 업무를 할 때 과학 기술 도구를 잘 사용해 집중
력을 높이는 것 외에도 하루에 업무적으로든 생활적으
로든 다양한 감정을 겪는다. 그런데 이는 우리 정서에
좋게든 나쁘게든 영향을 미치기 마련이다. 그러므로
감정을 잘 관리하지 못하면 업무 집중력은 급격하게
떨어지기도 한다.
EQ(감성지수)가 높은 오드리 탕은 자신의 마음을 관리
하는 방법을 가지고 있었다. 그녀는 이를 '멘탈 마사지'
라고 불렀다.

오드리 탕이 말하는 '멘탈 마사지'는 사실 유리멘탈 강화 훈련이
다. 유리멘탈은 작은 일에도 멘탈이 붕괴해 상처받는 사람의 감정
을 일컫는다. 일반 사람들은 부정적인 감정을 겪을 때, 혹은 다른

사람이 자신의 마음속 아픈 곳을 건드렸을 때 정신분석학에서 이야기하는 '저항resistance'의 반응을 보인다. 마치 마사지를 받을 때 아픈 곳을 누르면 통증을 느끼는 것과 같은 이치다. 이는 우리 마음속에 어떤 것이 아직 풀리지 않았다는 것을 의미한다. 이때 오드리 탕은 **다른 감각 기관을 즐겁게 해 줄 것을 찾거나 잠을 청한다. 숙면이라는 기억을 통해 불편한 자극이 상대적으로 좋은 느낌인 듯 자동적으로 연상되게 하는 것이다. 이게 바로 그녀의 멘탈 마사지 방법이다.**

오드리 탕이 인기를 얻은 후, 매일 최소 몇 명의 악플러들은 오드리에게 꼭 인신공격성 댓글을 달았다. 10여 년 전, 그녀는 이런 잔인하고 날 선 댓글들을 보고 컴퓨터를 부수고 싶은 충동이 들었다. 물론 컴퓨터가 너무 비싸서 정말로 부수지는 못했지만 말이다. 하지만 이런 말들은 마사지할 때 누르면 아픈 곳처럼 확실히 그녀에게 불편한 감정을 심어 주었다.

이런 불친절한 말을 들었을 때, 대개 첫 번째 반응은 아마도 반격하거나 화내고 욕하는 이모티콘 등을 사용하는 것이리라. 내가 불편했으니 상대방도 불편하게 만드는 것이다. 하지만 오드리 탕은 인터넷상에서 벌이는 설전은 많은 사람이 함께 보고 있기 때문에 그 불편한 감정이 당사자뿐만 아니라 주변 사람에게도 진파된다고 말했다.

그래서 오드리 탕은 먼저 이런 부정적인 감정을 내려놓고 마음을 쏟을 다른 일을 찾는다. 즐거운 경험을 보색하는 것이다. 때로 그녀는 좋아하는 음악을 듣거나 요가를 하기도 하고, 한 번도 마셔 보지 않은 새로운 차를 마시기도 한다. 자신을 그 부정적인 감정에서 벗어나게 하는 새로운 기억을 만드는 것이다. 나중에 그녀가 다시 불편한 자극을 받았을 때, 기억은 과거의 그녀가 부정적 감정을 겪었을 때 경험했던 좋은 음악이나 새로운 차를 떠올리게 할 것이고, 그렇게 즐거웠던 기억으로 인해 감정이 전환된다.

"악플러 참고육도 멘탈 마사지의 일종이다."

오드리 탕은 이 과정이 "영화 〈인사이드 아웃〉 속 기억 구슬이 빨간색에서 점차 노란색으로 변해 가는 것과 같다."라고 표현했다. 물론 사람마다 각자의 멘탈 마사지 방법이 있을 것이다. 어떤 사람들은 부정적인 감정이 들 때, 먼저 셋까지 숫자를 센 뒤 심호흡을 하기도 하고, 어떤 사람들은 밖으로 나가 운동을 하기도 한다.

오드리 탕이 다양한 감정을 받아들이는 방식은 바로 마음속에 그 감정이 머물 곳을 내어주고 자신이 이를 평온하게 마주할 수 있을 때까지 한동안 함께 지내는 것이다. 마음이 평온해지고 옳고 그름

을 따질 수 있을 때 비로소 그녀는 그런 댓글을 남긴 사람과 제대로 이야기를 나눌 수 있다. 그녀는 이 방식을 '바보들 끌어안기'라고 불렀다.

오드리 탕은 이미 악플러들을 유머러스하게 대하는 것에 익숙해졌다. 심지어는 "악플러들을 참교육하는 것도 일종의 멘탈 마사지다."라고 말하는 지경에 올랐다. 그녀는 그녀를 공격하는 악플러의 글에서 건설적인 의견이 있는 글을 찾는다. 설령 10줄 중의 9줄이 욕과 화풀이여도 단 한 줄에 건설적인 내용이 있다면, 다른 9줄의 감정적인 내용에는 신경 쓰지 않고 진지하고 이성적으로 답한다. 심지어는 이 말 많은 악플러들을 소셜 이노베이션 센터로 초청해 함께 이야기를 나누고 간식도 먹으면서 서로의 불쾌한 감정을 해소하기도 했다. 만약 나중에 또 다른 사람이 같은 방식으로 그녀를 공격한다고 해도 그녀는 이미 멘탈 마사지를 통해 면역된 상태라 큰 영향을 받지 않을 것이다.

멘탈 마사지는 회피가 아니다. 즐거운 마음으로 직면하는 것이다. 오드리 탕은 만약 자신이 댓글을 확인하고는 음악을 듣거나 차를 마시러 갔다가 이를 처리하러 돌아오지 않는다면 회피한 것이겠지만 그녀는 그렇지 않았다고 말했다. 그녀는 음악을 듣고 난 뒤 늘

아와 이 일을 가볍게 처리했다. 그녀를 즐겁게 하는 음악을 틀어 두어 즐거운 기분을 기억하면서 비교적 긍정적인 태도로 '문제'를 마주하는 것이다.

많은 네티즌이 오드리 탕이 댓글을 남겼다는 사실을 놀라워하며 이를 서로 공유했다. 오드리 탕은 14살 때 중퇴한 이후로 오랜 기간 인터넷 문화를 연구했고, 왜 사람들이 그리 빨리 다른 사람들의 말을 믿고, 빨리 증오하는지 탐구했다. 오드리 탕은 악플러들을 대할 때 반격하거나 무시하지 않고 오히려 건설적으로 답변함으로써 악플러가 다시 이성을 찾을 수 있게 할 뿐만 아니라, 감정적인 글에 이끌려 이를 관전하던 사람들도 이성을 되찾아 문제의 핵심을 탐구하게 한다.

'악플보다 무서운 것이 무관심'이라는 말이 있다. 집단이 비이성적이고 선동적인 발언에 대해 모두 무관심하고 강 건너 불구경하는 듯한 태도를 보일 때, 오드리 탕이 적극적으로 악플러를 상대한 것은 이유가 있다. 사람들이 수수방관하지 않고 서로에게 건설적인 의견을 제시해야만 커뮤니티 문화가 발전할 수 있기 때문이다.

뇌의 움직임을 활용하는
수면 기억법

오드리 탕은 자신의 몸을 아주 잘 이해하고 있다. 그녀는 하루에 8시간을 꽉 채워서 자야 하루의 업무를 처리할 힘이 생기고 사람들의 말을 잘 이해할 수 있었다. 업무의 효율성을 위해 충분한 수면은 필수였다. 만약 8시간의 수면 시간을 채우지 못하면 그녀는 다른 사람이 하는 말을 완벽하게 이해할 수 없었다. 전날 2시간밖에 자지 못했다면 10분은커녕 누군가와 4분 간만 이야기해도 넋이 나갈 것이다.

오드리 탕은 매일 아침 7시쯤에 일어나기 때문에 반드시 전날 11시 이전에는 잠자리에 들어야 8시간을 잘 수 있다. 그리고 그녀는 자기 전과 일어난 후에 약간의 시간을 가져야 하므로 매일 밤 10시면 침대에 누워 잘 준비를 마친다.

이처럼 자신을 업무적으로나 감정적으로나 모두 비운 뒤에 잠자리에 들어야 다음 날 일어나서 상쾌하게 새로운 하루를 맞이할 수 있다. 그래서 오드리 탕에게는 잠들기 전에 꼭 지키는 네 가지 습관이 있다.

1. 밤 10시가 지나면 휴대전화를 끈다. 무음이나 진동으로 바꾸는 게 아니라 전원을 완전히 꺼버리는 것이다. 잠들기 전에는 의지력이 비교적 약하기 때문에 무의식적으로 끊임없이 휴대전화를 만지작거리면 잠드는 시간을 지연시키기 쉽다.

2. 잠들기 전에 이메일 확인과 답장 및 할 일을 모두 끝내고, 인터넷에 올려야 할 글도 모두 게시한다.

3. 30분 동안 내일 사용할 자료나 책을 최대한 많이 읽는다. 이때 책은 주로 비소설류나 논문과 같은 지식적인 글로, 사실을 서술하는 글이어야 한다. 그녀는 보통 1페이지를 읽는 데 2~3초가 걸리기 때문에 30분 동안 약 600페이지를 읽을 수 있다. 만약 다음 날 업무를 위해 많은 자료를 읽어야 한다면, 그녀는 한 시간을 더 자면서 수면 중에 자료를 소화한다. 그러면 다음 날 일어났을 때 전날 자기 전에 읽은 자료가 이미 머릿속에 기억되어 있다.

4. 가부좌를 하고 앉아 20분 동안 오늘 받은 스트레스를 해소한다. 즐거운 감정이든 그렇지 않은 감정이든 모두 털어버리고 나야 다음 날 잘 일

어날 수 있다. 전날의 감정을 더 이상 담아 두지 않아야 감정을 전부 비우고 다시 시작할 수 있고, 질질 끌지 않을 수 있다. 이것은 4, 5살에 부모님을 따라 좌선 수행을 배우면서 기른 습관이다.

위 습관 중 세 번째가 바로 오드리 탕이 사용하는 '수면 기억법'이다. 물론 처음 들으면 말이 안 된다고 생각할 수 있다. 현대인들은 스트레스를 많이 받아서 수면을 통제하는 것 자체가 힘든데 자기 전에 읽은 자료를 자는 동안 소화한다고? 오드리 탕은 어떻게 그게 가능했을까?

"잠을 충분히 자야 아침에 일어나서 새로운 것을 채울 공간이 더 많아진다."

사실 수면이 기억력 강화에 도움을 준다는 사실은 뇌 신경 전문의사들을 통해 검증된 사실이다. 일본의 심리상담가이자 베스트셀러 작가인 이시이 다카시는 『잊고 사는 것의 홀가분』(한언, 2017)이라는 책에서 "단기 기억을 장기 기억 속에 심는 과정에서 꼭 필요한 것이 바로 '수면'이다."라고 말했다.

다카시는 많은 사람이 밤을 새워 열심히 공부했는데 오히려 너

빨리 까먹는 이유가 바로 수면이 부족하기 때문이라고 지적했다. 이는 뇌신경 사이사이의 시냅스가 잠을 자고 나면 서로 쉽게 연결되고 기억이 정리되기 때문이다. 수면 과정에서 난기 기억은 자연스럽게 장기 기억 속에 심어지기 때문에 자기 전에 독서를 하고 하룻밤 동안 충분히 수면을 취하고 일어나서 아침에 세로토닌 분비가 가장 왕성할 때를 이용해 다시 어젯밤에 읽은 내용을 복습하면 노력 대비 훨씬 큰 효과를 볼 수 있다.

이외에도 수면은 시간적 측면에서도 매우 중요한데, 다카시는 기억력을 강화하려면 저녁 10시에 잠자리에 들고 아침 5시 반에 일어나는 것이 가장 좋다고 말한다. 그가 제안한 샌드위치 기억법은 총 3단계로 나뉘는데, 먼저 잠자기 전 90분 동안 글을 읽은 뒤 밤 10시에 잠자리에 들고 아침에 일어나서는 다시 90분 동안 전날 읽은 것을 복습하는 것이다.

수면 기억법의 핵심, 사심 없이 읽기

오드리 탕의 수면 기억법에서 가장 중요한 핵심은 잠자기 전에 얼마나 정확하게 읽느냐이다. 여기서 말한 취침 전 독서는 빠르게 내일 회의 때 토론할 내용에 대한 자료, 연구 논문 등 대량의 지식적인 글을 읽는 것이다. 소설이나 시집 등은 굳이 수면 기억법을 통해 소화하고 기억할 필요가 없다. 소설이나 시집은 천천히 음미할 필요가 있고, 특히 긴 시처럼 운율이 있는 글은 소리 내어 읽을 수밖에 없는데, 이런 읽기에서 필요한 것은 천천히 곱씹어 읽는 것이지 빠르게 많은 양을 읽는 것이 아니다. 이런 글은 한 글자에도 수많은 의미가 담길 수 있으므로 자세히 음미해야 한다.

그렇다면 수면 기억법은 왜 자기 전에 지식적인 글을 읽는 경우에 적합할까? 지식적인 글은 단순히 묘사하는 글, 또는 사실을 기록하는 글로, 대부분의 논문, 비소설, 교과서, 역사서 등이 이 범주에 속한다. 이런 글에서는 매 단락이 갖는 뜻이 하나로 정해져 있고, 우리는 그 속에서 다른 여러 가지 뜻을 찾을 수 없다. 그래서 비교적 빠르게 읽기가 적합하다.

잠자기 전에 읽은 내용이 모두 머릿속에 입력되려면 아주 중요한 전제 조건이 있다. 바로 이런 지식적인 글을 읽을 때 반드시 일관성을 가지고 읽어야 하고, 마음이 분산되어 읽기를 중단하거나 글을 읽으면서 판단하거나 당장 머릿속에 이에 대한 자신의 의견을 정립하려고 해서는 안 된다는 것이다. 이는 사실 쉬운 일은 아니다.

오드리 탕은 "당신이 잠자기 전에 글을 읽다가 중단하기를 반복하면, 사실상 몇 페이지도 보지 못할뿐더러 수면 과정에서 학습될 가능성도 없다."라고 말했다. 오드리 탕은 자기 전에 책을 읽을 때는 작가의 말을 끊지 않는다. 하지만 그렇게 하려면 연습이 필요하다.

그렇다면 왜 독서를 할 때 중단해서는 안 되고, 읽으면서 판단하면 안 될까?

우리는 글을 읽는 과정에서 동의할 수 없는 작가의 논점을 발견하기도 한다. 어쩌면 작가가 아직 자신의 논점을 완전히 설명하지 못했을 수도 있다. 그 챕터나 그 책 전체를 모두 읽은 다음에야 그 논점이 성립될지도 모른다. 하지만 우리가 글을 읽으면서 머릿속으로 작가의 말을 끊고, 몇 페이지 읽지도 않고 성급하게 평가한다면, 자신이 원래 가지고 있었던 선입견만 강화되고, 읽으면 읽을수록 그 편견은 더욱 단단해질 뿐이다.

글을 읽으면서 작가의 말을 끊기 시작하면 당신에겐 그저 당신의 의견만 있을 뿐이고, 나중에 다른 사람이 이에 대해 질문을 해도 당신은 자신의 관점을 바탕으로만 답변할 것이다. 하지만 당신이 지식적인 글을 읽을 때 머릿속으로 미리 판단하고 싶은 마음을 억제하고, 글의 내용을 충분히 내면화하거나 정신화하여 자신의 마음속에 이 책 혹은 이 책의 작가를 담아 둔다면, 다른 사람이 이에 대해 질문할 때, 당신은 책의 관점과 이를 통해 새롭게 형성된 자신의 관점을 바탕으로 답변할 수 있고, 어떤 일을 바라볼 때도 비교적 종합적인 측면에서 바라볼 수 있다.

특히 대부분의 지식적인 글은 길고 사실을 기록하거나 단순한 묘사로 이루어져 있다. 그리고 보통 그 뒤에는 항상 특정한 관점이 있다. 만약 당신이 한 글자 한 문장을 자신이 원래 가지고 있던 관점으로 반박한다면 결국 작가의 관점은 당신의 머릿속에 들어가 당신의 일부가 될 방법이 없고 수면을 통해 기억력이 강화될 수도 없다.

"당신이 작가가 어떤 일을 바라보는 방식을 거부하고 자신의 원래 논점을 어떻게 강화할지만 고민한다면, 이는 숫돌로 칼을 가는 것과 다름이 없다."

오드리 탕은 당신이 어떤 책과 논쟁을 벌인다면 반드시 이길 것이라고 말했다. 왜냐하면 그 자리에는 반박할 작가가 없기 때문이다.

그녀는 "당신의 기존 입장과 다른 관점을 받아들이는 능력이 강할수록 복잡한 논점을 더 잘 이해할 수 있다."고 말했다. 그래서 오드리 탕의 수면 기억법을 할 때는 자기 전에 지식적인 글을 읽되 빠르게 읽어 내는 데 집중하고 절대 중간에 멈춰서 글을 판단해서는 안 된다. 집중해서 판단하지 않고 많은 글을 읽고 충분히 잠을 자면 아침에 깨어난 뒤에 책 속 소재들이 이미 자신이 원하는 대로 사용할 수 있는 지식이 되어 있고, 밖에 있는 것이 아닌 내면화와 성신화를 거쳐 자신의 생각 속에 있음을 알게 될 것이다. 이 점이 오드리 탕이 생각하는 가장 큰 차이점이다. 깨어 있을 때 우리는 자신의 관점을 토대로 특정한 해결 방법이나 상호작용 방식을 고십하곤 하는데, 꿈에서는 자아가 비교적 약하기 때문에 더 다양한 각도에서 같은 일을 바라볼 수 있다.

다른 사람의 말을 끊지 않는
연습부터 시작하라

독서에 집중하면서 자신의 생각을 버리고 작가의 이론을 판단하지 않으려면 연습이 필요하다. 그렇다면 어떻게 연습해야 할까? 오드리 탕처럼 머리에 든 지식이 너무나도 많음에도 자신의 생각을 표출하고 싶은 욕구를 꾹 참고 작가의 사상을 끊임없이 받아들일 수 있는 것은 엄청난 노력이 필요했을 터이다. 그녀는 어떤 노력을 했던 것일까?

오드리 탕이 제시하는 방법은 이렇다. 사람들과 대화할 때, 머릿속으로 상대방의 말을 끊지 않도록 노력해 보는 것이다. 예를 들어, 우리가 어떤 이야기를 듣고 있을 때, 완전히 열린 마음으로 귀를 기울이고 절대 상대방의 말을 추측하지 않는다. 처음에는 전혀 불가능힐 수도 있다. 그럴 때는 시간을 설정하면 된다. 상대방과의 대화에서 10분 동안은 그의 말을 끊지 않기로 약속하고, 10분이 지나면 이야기를 멈추고 상대방에게 내가 들은 이야기를 간략하게 설명해라. 상대방도 이때는 당신의 말을 끊을 수 없다. 설명이 끝나면 상대방에게 내가 들은 내용이 맞는지 질문해라. 이것이 바로 적극적인 경청법이고, 연습을 통해서만 학습할 수 있는 방법이다.

오드리 탕은 길게는 한 시간까지 상대방의 이야기를 판단하지 않고 경청할 수 있는데 이것 역시 연습의 결과였다. 그녀는 자신도 초능력자가 아니기 때문에 중간에 쉬고 싶기도 하고 목이 마르기도 한다고 말했다. 몸도 집중하는 데 한계가 있기 때문이다.

사실 완전한 경청이 우리가 상대방의 모든 말에 동의한다는 것을 의미하진 않는다. 일단 먼저 상대방의 말을 잘 들으면서 그의 생각을 온전히 설명하게 하는 것이 진정한 경청이다. 그렇게 다 들은 뒤에는 나도 상대방과 같은 경험이 생기기 때문에, 그 지점에서 출발하면 두 사람은 서로 나눌 이야기가 많아진다. 만약 먼저 상대방을 판단하거나 특정한 단어에 마치 지뢰라도 밟은 양 펄쩍 뛰며 반박하면 상대방의 것은 당신의 소재가 될 수 없다.

오드리 탕은 "평소에 당신과 의견이 다른 사람의 말을 얼마나 오래 참을 수 있는지 스톱워치로 시간을 체크해 보자. 만약 2~3분밖에 참을 수 없다면, 이를 잠자기 전 읽기에 적용하여 2~3분 동안은 작가를 판단하지 않고 읽는 연습을 해 보자. 그렇게 하고 잠자리에 들면, 그 2~3분이 수면 기억이 될 것이다."라고 말했다.

오드리 탕의 경우, 자기 전에 대략 30~40분 동안 글을 읽는데, 주로 내일 사용할 자료를 읽을 때가 많다. 낮에 업무하는 동안에는 해결해야 할 현안이 아주 많지만 오드리 탕은 이에 관한 판단이나 결정을 급하게 내리지 않는다. 먼저 타인의 생각들을 모두 받아들인 뒤에 잠자리에 든다. 그리고 아침에 일어나면 그녀는 그 문제들에 대해 공통의 가치관이나 결정과 같은 기초적인 윤곽을 잡을 수 있다. 때로 비교적 복잡한 문제가 발생할 때도 있지만, 오히려 그녀는 꿈속에서 야근을 하는 경우가 많다. 평소보다 많이 9시간을 자는 것이다.

그리고 잠에서 깼을 때, 꿈속에서 떠오른 새로운 아이디어가 사라지기 전에 바로 낚아채기 위해 그녀는 침대 머리맡에 노트를 두고 매일 아침 잠에서 깨자마자 꿈속 생각을 기록하거나 음성을 녹음하는 방법을 제안했다. 그녀는 애써 기억해 내려 하지 말고, 잠에서 깬 뒤 순식간에 사라질 생각들을 곧장 기록해야 한다는 점을 강조했다. 이것들을 기록하지 않으면 자신이 그런 생각을 했었나 싶을 정도로 순식간에 까먹을 것이다. 영감이나 창의적인 발상은 단 몇 초 만에 우리를 스쳐 지나가기 때문이다.

"당신의 기존 입장과 다른 관점을 받아들이는 능력이 강할수록 복잡한 논점을 더 잘 이해할 수 있다."

만약 전날 어쩌다 너무 늦게까지 일을 하느라 잠이 부족하다면 이를 보완할 방법이 있다. 오드리 탕은 보통 낮에 비는 시간에 수면을 보충한다. 만약 수면 시간이 2시간 부족하면 낮에 2시간을 할애해 수면을 보충하는 것이다. 수면 보충에 관해서 그녀는 아래 두 가지 팁을 전한다.

1. 수면을 보충하는 장소는 반드시 활동 공간과 분리해야 한다. 예를 들어, 그녀는 보통 소셜 이노베이션 센터에서 일하거나 회의를 하기 때문에 센터 말고 자신의 사무실 안에 있는 작은 방에서 수면을 보충한다. 이 작은 방 자체가 '내가 쉴 수 있는 공간'이라는 느낌을 주어야 쉽게 잠들 수 있기 때문이다.

2. 때로는 낮에 수면을 보충하기 위해 잠을 자면 더 힘들어질 때가 있는데, 잠깐의 수면 뒤에 머리가 멍해지는 것을 막기 위해 오드리 탕은 자기 전에 커피를 한 잔 마신다. 커피의 각성 효과가 나타나려면 시간이 조금 걸리기 때문에 그녀는 커피를 마신 뒤 최대한 빠르게 잠든다. 잠에서 깨고 나면 각성 효과가 생겨 머리가 멍해지는 문제를 겪지 않아도 된다.

글 내용을 키워드 두세 글자로 기억하라

분명히 어젯밤 자기 전에 자료를 읽었는데 다음 날 아침에 기억이 나지 않으면 어떻게 할까? 물론 이런 상황이 발생할 수도 있다. 이게 바로 오드리 탕이 전자책을 좋아하는 이유다. 그녀는 **"독서의 목적은 외우는 것이 아니라 글 속에 내가 활용할 만한 개념을 찾아내는 것이기 때문에 키워드만 잡으면 된다. 전자책의 장점은 글을 전부 외우지 않아도 키워드만 입력하면 전문을 검색할 수 있고, 이를 통해 어제 읽은 자료를 정리할 수 있다는 점이다."라고 말했다. 이렇게 뇌에서 한 번에 활성화할 수 있는 정보를 '작업기억'이라고 부른다.**

오드리 탕은 사람의 작업기억 용량이 그렇게 크지 않다는 것을 잘 알고 있다. 동시에 활용할 수 있는 개념은 대략 7개뿐이다. 만약 각각의 개념의 글자 수가 너무 길면 다른 작업기억을 밀어내기 때문에 각 개념의 키워드는 2~3글자만 기억하면 된다. 그렇게 해야 7개 개념의 키워드를 모두 합쳐도 대략 16글자밖에 되지 않기 때문에 전부 머릿속에 넣을 수 있다. 하지만 글을 통째로 외우는 데 에너지를 쓴다면 우리 뇌는 고작 어느 한 문단 정도밖에 기억할 수 없고, 다른 개념과 결합하여 유추를 통해 나든 아이디어까지 얻을 가능성은 거의 없어진다.

오드리 탕이 책 한 권을 빠르게 읽을 수 있는 이유가 여기에 있다. 특히 지식적인 글은 키워드를 기억하는 방식으로 2~3초면 1페이지를 읽을 수 있다. 키워드와 이 책의 관계만 기억하면 충분하기 때문에 1분이면 20페이지가량을 읽을 수 있고, 30분이면 600페이지를 읽을 수 있다. 이런 방식은 스캔을 하는 것과 비슷해서 이를 단기 기억으로 만든 뒤 편한 마음으로 잠자리에 들면 수면 기억법을 통해 장기 기억으로 전환될 수 있다.

많은 사람이 아침에 일어나 가장 먼저 하는 일이 새로 온 이메일이나 라인 메시지와 같은 휴대전화 메시지를 확인하는 일이다. 하지만 오드리 탕은 잠을 자는 침실에 알람 시계만 두고 휴대전화와 컴퓨터를 두지 않는다. 아침에 일어나 방에서 나가지 않는 한 보통은 아직 막 잠에서 깬 상태가 유지된다. 이때 어젯밤 자기 전에 완전히 정리되지 않은 생각들을 집중해서 생각하거나 자기 전에 읽은 내용이 수면 중에 정리되고 저장된 것을 다시 되새긴다. 이렇게 하면 내재화가 더 잘 되는 효과가 있다. 그런 다음 그녀는 다른 일을 시작한다.

오드리 탕은 사고와 가치의 완전성을 매우 중시한다. 그래서 아침에 일어난 뒤 어제 해결하지 못한 일에 대해 분명하게 생각한 뒤에 다시 다른 일을 한다. 그렇게 하지 않고 아침에 일어나자마자 새로운 이메일이나 메시지를 주고받으면 이것은 다른 사람이 당신의 오늘을 주도하게 만드는 것과 같다. 자신에게 충격을 완화할 시간을 주지 않고 곧장 다른 세계로 뛰어드는 것이다.

리더에게 필요한 두 가지는 '자신의 체면을 내려놓는 것'과
'강한 멘탈을 소유하는 것'이다. 리더가 과감히 체면을 내려놓으면
공동 창조 방식을 장려할 수 있다. 그러면 팀에는 주도적으로 창조하는
능력이 생기고, 기업도 오래 그 생명을 유지할 수 있다

PART 4

리더의 새로운 정의

: 리더를 리뉴얼하라

NEW
THINKING

팀은 다원화가
기본이다

디지털 정무위원인 오드리 탕의 사무실에는 정부 각
부처에서 온 약 20명의 다양한 전공을 가진 사람들
이 있다. 오드리 탕은 팀을 구성할 때 다기능 팀(cross-
functional team) 전략을 적용했다. 어떤 주제를 전반적
으로 평가할 때 다기능 팀은 서로 다른 측면과 전공 덕
분에 누군가는 이성적 판단을, 누군가는 현실적 판단
을 주장하는 등 서로 다른 가치를 고려할 수 있다. 만
약 팀에 다원성이 없고 모두가 같은 성격을 지니고 있
다면 놓치는 것이 너무나도 많을 것이다.

오드리 탕은 직장에서 자신의 위치를 수직적인 관리자가 아닌 수
평을 맞추는 사람으로 설정했고, 그녀가 이끄는 팀은 정부 기관에
서 몇 안 되는 OKR*로 관리되는 부서이다.

오드리 탕의 사무실에서 일하고 싶다면 팀이 다원화되어야 하는 것뿐만 아니라, 새로운 관점도 지니고 있어야 한다.

오드리 탕의 근무 조건은 두 가지가 있다. '각자의 업무를 반드시 공개해야 한다는 것'과 '한 부서에서 한 사람만 들어올 수 있다는 것'이다. 이러한 규칙을 정한 이유는, 만약 어떤 부서에서 두 사람이 온다면 분명 직급이 더 높은 사람이 있을 것이고, 직급이 같다고 해도 경력의 차이가 있을 것이고, 이로 인해 발언권의 많고 적음이 결정되기 때문이다. 그러면 발언권이 적은 사람은 자신의 의견을 내기가 어려워지고, 이는 다기능 팀이 강조하는 상호작용성을 높이는 데 방해가 된다.

명령을 내리지 않고 스스로 목표를 정하게 하라

앞서 언급했듯이 팀을 경영하는 리더로서 오드리 탕은 자신을 균형을 맞추는 사람으로 설정했다. 16살에 창업했을 때, 당시 팀에는 동료가 서너 명뿐이었고, 관리하는 사람이 따로 없어 함께 업무를 분담하고 협업해야 했다. 나중에 오드리가 애플에 입사했을 때, 애

---

* OKR(Objective Key Result) : '목표 및 핵심결과지표'로 불리는 새로운 성과 관리 기법이다. 목표를 수립하고 목표 달성을 위해 중간중간 제대로 결과가 나오고 있는지 성과를 지속적으로 추적한다. 구글이나 페이스북, 유튜브 등에서 도입해 쓰고 있다.

플의 특징 역시 사람들이 각자 자신에게 가장 잘 맞는 업무를 찾아서 그 일을 몇십 년 동안 하며, 승진의 개념이 없다는 점이었다. 소셜텍스트에서 동료들과 일하는 방식 역시 전문 프로그램을 통해 서로 협업하는 방식이었다. 그래서 오드리 탕은 수평적 관리로 업무하는 시스템에 매우 익숙하다.

다만, 전통적인 조직은 수직적 관리 체계, 직급 제도가 분명하기 때문에 대체로 리더가 결정권을 가지고 있어 업무가 명확하다는 장점이 있다. 이에 비해 수평적 관리는 계급을 타파하고 조직을 수평화했지만 업무방식을 명확히 하지 않으면 책임소지가 불분명해 업무의 처리가 늦어진다는 단점이 있다.

"우리 팀은 대만 정부에서 몇 안 되는 각 팀원이 목표 및 핵심 결과지표OKR를 스스로 결정하는 부서이다. 정부 내부 클라우드에 드롭박스Dropbox, 트렐로Trello, 슬랙, 구글독스GoogleDocs에 맞먹는 협업 플랫폼 소프트웨어를 설치했다. 최근 몇 년간 세계적으로 유명한 인텔, 구글, 아마존 등의 기업은 모두 전통적인 KPI를 대신해 OKR로 팀을 관리한다. OKR은 KPI가 결과와 성과 배분을 중시하는 것과는 완전히 다르게 팀의 자율성을 중시한다."

오드리 탕은 자신이 근무하고 있는 팀의 OKR 시스템을 설명하며 시스템의 장점을 덧붙인다.

OKR은 모두가 다른 사람들에게 자신이 무엇을 할 것인지, 어디까지 진행되었는지 알려 주고, 아래 팀들은 위의 팀들에게 자신들이 무엇을 할 것인지, 어디까지 진행되었는지 알려 주며, 스스로 성과 기준과 업무 목표를 설정한다.

전통적인 지표인 KPI는 위에서 아래로 직원의 성과지표를 설정해 주고, 직원은 기여를 해야 할 뿐만 아니라 기여하는 방식도 반드시 조직이나 주류인 가치가 인정하는 방식을 따라야 한다. 반면에 **OKR은 기여하는 방식을 개인의 능력에 따라, 혹은 회사와 부서, 개인의 3자 소통을 통해 결정하는 것을 강조하고, 직원이 자신의 기여가 어떤 영향을 끼쳤는지 확인할 수 있게 한다.** 예를 들어, 오드리 탕은 자신이 운영하는 플랫폼의 트래픽이 작년에 비해 최소 30%는 증가해야 한다는 목표를 설정했다. 이 목표는 그녀가 정한 것으로, 최종 평가 결과는 고객들이 결정하는 것이지 절대 그녀의 책임이 아니다. 평가자가 누군지가 핵심인 것이다.

오드리 탕은 관리자로서 각 개인이 이 공동체에서 자신이 기여할 부분이 있다고 느끼게 하는 것이 관리의 목적이 되어야 한다고 생각했다. 그녀는 공평한 관리를 강조하기보다는 개개인이 소비하고자 하는 시간과 시간 대비 성과가 다르기 때문에 각자의 기여를 중요하게 생각했다. 예를 들어, 그녀의 사무실에는 전문 컨설턴트 두 명이 있었는데, 그들은 사실 대부분의 시간을 외국 조직에서 보내고 일주일에 몇 시간만 일을 도와주러 왔다. 그러나 이러한 상황에서도 오드리 탕은 그들이 기여하는 바가 별로 없다고 생각하지 않았다.

스스로 목표를 정하게 하는 것 외에도, 오드리 탕은 절대 팀원들에게 명령하지 않는다. 그녀는 사장의 명령을 따르는 만큼 직원의 자주적인 창의력이 떨어진다고 생각하기 때문이다. 그녀는 명령을 내리지는 않지만 '모두에게 능동성을 끌어내는' 환경을 만들기 위해 노력한다.

그렇다면 이런 환경을 어떻게 조성할 수 있을까? 오드리 탕은 만약 어떤 직원이 사장의 원래 의도와는 완전히 다른 의견을 내고, 심지어는 자기 생각대로 일을 진행하려고 할 때 그 직원이 회사에서 어떤 대우를 받을지 생각해 보면 그 환경이 구성원들에게 능동성을 부여하는지 판단할 수 있다고 말했다. 만약 사장이 그 직원의 생각이 더 낫다는 것을 증명할 기회를 주거나 심지어 그대로 진행할 수 있도록 지원해 준다면 직원들의 능동성을 고무하는 환경을 만드는 데 성공한 것이다. 반대로 사장이 직원의 새로운 생각에 콧방귀를 뀌거나 자신의 권위에 도전했다고 생각해 화를 내고 그 직원을 얼어붙게 만든다면, 이는 곧 모든 직원에게 능동적으로 생각하지 말고 늘 명령에 복종하라고 선포하는 것과 같다.

목표 달성을 위한
두 가지

명령하지 않으면, 관리자는 직원들이 무엇을 하고 있
는지 어떻게 이해할 수 있을까?

오드리 탕은 매주 고정적으로 동료들과 식사를 하고,
모두가 그 자리에서 다른 사람들과 자신이 지금 어떤
일을 하고 있는지, 어디서 막혔는지, 어떤 도움이 필요
한지를 공유하게 했다. 오드리 탕이 바라는 유일한 한
가지는 바로 일을 할 때, 다른 부서에서 우리가 무슨
일을 하는지 알게 되는 것을 두려워하지 말고 오히려
소리 내어 일하는 것이다.

이것이 바로 소위 'WOL^Working Out Loud' 방식이다.

'WOL'은 존 스텝퍼^John Stepper가 제시한 업무방식으로, 자신이 현
재 하는 일이나 학습 내용을 주도적으로 공개하고, 공유와 피드백
을 통해 서로 협력하여 목표를 달성하는 방식을 말한다. 오드리 탕

은 사람들이 소리 내어 일하도록 격려한다. 온라인 협업 플랫폼에서 게시판이나 채팅방을 함께 사용하는 방법 외에도 사무실의 투명 유리벽에도 '게시판 관리법'을 적용할 수 있다. 각자 자신이 책임지고 있는 업무와 구체적인 진행 상황, 각각의 일을 누가 진행하고 있는지 등을 각각 포스트잇에 써서 '구상 중', '진행 중', '예상 완료 시점' 섹션에 나눠 붙인다. 그러면 사무실 동료들은 온라인에서든 오프라인에서든 서로가 지금 무엇을 하고 있는지 파악할 수 있다.

게시판, 채팅방, 화상회의, 위키, 공용 시산표 등 디지털 도구들 덕분에 팀원들이 실제 수많은 공간에 분산되어 있어 행정원 사무실에서부터 소셜 이노베이션까지 그들의 흔적이 없는 곳이 없다. 하지만 그들은 여전히 함께 일하는 느낌을 받을 수 있다. 그리고 함께한다는 느낌은 시공간을 초월하기 때문에 누구든 새로운 생각이 있으면 언제든지 온라인 위키에서 다른 사람들과 함께 토론하고 브레인스토밍할 수 있다.

리더로서 오드리 탕이 매일 하는 일이 있다. 바로 '판을 보는 것', 즉 행정원의 샌드스톰sandstorm.io을 통해 온라인에서 사람들이 현재 하고 있는 일을 확인하는 것이다. 모두가 그곳에 업무 내용을 아주 상세히 올려놓기 때문이다. 각자의 업무를 모두 공개하고 동료들이 하는 일의 맥락을 알고, 관점을 공유하기 때문에 언제든지 서로의 빈자리를 채워 줄 수 있다. 만약 어떤 생각을 제시할 때는 혼자 하려고 하지 말고 사무실의 각 부서 동료들과 함께하려고 해야 한다.

'판 보기'를 통해 오드리 탕은 자신을 큐레이터라 생각하고 어떤 퍼즐 조각을 이어 붙여야 완벽할지 고민한다. 즉, '증폭기'의 역할을 맡아 자기 의견만 고집하지 않고 어떤 사람의 방법이 더 좋은지 살펴보고 그에게 맡기는 것이다. 그녀는 수평 관리를 위해 꼭 특정한 기술을 사용해야 하는 것은 아니라고 강조했다. 그런 기술들은 그저 사람들이 투명하게 정보를 공개하는 데 도움을 줄 수 있지만, 더 중요한 것은 개개인이 자신을 관리자로 여기는 것이다. 이때 관리자는 사람들을 감시하는 방식으로 접근해서는 안 된다.

"사장의 명령을 따르는 만큼 직원의 자주적인 창의력은 떨어진다."

리더는
무엇을 해야 하는가?

수평적 조직 관리로 인해 제품을 기한 내에 만들어내
지 못하는 위험이 생기면 어떻게 할까? 오드리 탕은
"당연히 제(리더)가 감당해야 합니다. 최종 책임을 지
는 것이 원래 리더의 일이니까요."라고 웃으며 말했다.
하지만 리더라고 해서 모든 위험을 해결할 수 있는 것
은 아니다. 그럼 어떻게 해야 할까?

갑작스럽게 팬데믹이 발생하자 대만 정부는 마스크 실명제를 시
행하고 약국에서도 약사들이 번호표를 발급하는 상황이 겹치면서
일대 혼란이 발생했다. 마스크 지도 숫자에 혼선이 생긴 것이다. 이
상황에서 오드리 탕은 어떻게 해결해야 할지 막막해 곧장 약국으로
달려가 약사에게 조언을 구했다. "저는 정말 어떻게 해야 할지 모르
겠습니다. 당신이라면 어떻게 하실 건가요?" 인터넷에서도 많은 약

사가 의견을 제시했고, 결국 모두가 함께 생각한 결과, 백그라운드에서 버튼 하나만 누르면 충돌하는 부분이 사라지는 방법을 찾았고, 마침내 그 문제를 해결했다.

리더는 만능일 필요가 없다. 문제가 발생했을 때, 그 문제는 조직 전체가 함께 직면한 것이므로 함께 의견을 내고 해결 가능한 사람을 찾아 해결하면 된다. 그래서 오드리 탕은 리더에게 꼭 문제를 해결할 능력이 있어야 한다고 생각하지 않는다.

리더에게 필요한 두 가지는 '자신의 체면을 내려놓는 것'과 '강한 멘탈을 소유하는 것'이다. 리더가 과감히 체면을 내려놓으면 공동 창조 방식을 장려할 수 있다. 그러면 팀에는 주도적으로 창조하는 능력이 생기고, 기업도 오래 그 생명을 유지할 수 있다.

예를 들어, 막 회사에 입사한 신입 사원은 의욕이 넘치고 모든 일에 능동적일 것이다. 이때 중요한 것은 그들을 어떻게 관리하느냐가 아니라 그 능동성이 조직 안에서 소모되지 않게 하는 것이다. 능동성은 어떤 사람에게 그의 경험을 공유하도록 격려하는 데서부터 쌓이기 시작한다. 오드리 탕은 처음부터 바로 다른 사람의 경험을 받아들이는 것이 아니라 모두 최소한의 시간을 가지고, 경청을 하든 실제 현장에 가서 보든, 모두 먼저 열린 마음으로 상대방의 관점에서 이를 바라보려고 시도하는 것이 중요하다고 강조했다. 그래야 이 조직의 구성원들이 계속 기여하는 것이 일리가 있다는 느낌을 받을 수 있다. 그렇지 않으면 그곳에서 시간을 낭비할 필요가 없다고 느끼고 다른 곳으로 직장을 옮기려고 할 것이다.

오드리 탕이 이끄는 팀 구성원들은 각 부서에서 일시적으로 차출된 전문가들이어서 임무를 완수하고 나면 원래 자리로 돌아가야 한다. 그녀가 이들과 함께 만들고 싶은 효과는 서로 다른 부서 사람들이 이곳에서 각자 다른 가치와 작업법을 서로 공유하고 공동의 가치를 찾고 창의적인 방식으로 그 가치를 실현해 가는 것이다.

시간이 지나 이 구성원들이 원래 자리로 돌아가면, 마치 씨를 뿌리는 것처럼 기존 동료들에게 공동의 가치를 전달할 것이고, 여기서 배운 디지털 업무방식을 잘 활용해 더 효율적이고 가성비 있게 소통할 수 있을 것이다. 타 부서와 소통할 때도, 회의를 하기 위해 고속철도를 타고 이동할 필요 없이 가상의 공간을 활용할 수 있다. 사실 이렇게 하면 노력 대비, 많은 효과를 얻을 수 있다.

수평 관리 방식은 혁신과 자주적인 목표 설정에 대한 열정을 불러일으킬 수 있다. 하지만 문제점도 있다. 외부 세계가 이 방식에 익숙하지 않다는 것이다. 특히 제조업계 사고방식을 가진 투자자 같은 사람들은 이런 관리 방식이 매우 산만하다고 생각하고, 제때 제품을 완성하지 못할 것이라고 우려한다. 과거에 수평적 관리 방식은 대부분 신생기업이나 소프트웨어 기업에 적용되었다. 하지만 팬데믹이 발생하고 관리자가 어쩔 수 없이 원격으로 관리하면서 관리에 질적 변화가 생겼다. 집에서 화상회의를 할 때, 사장이라 해도 직원이 켜 놓은 여러 윈도우 창 중 겨우 한 칸 안에 있을 뿐이고, 회의 창 말고도 다른 윈도우 창을 켜 놓아도 사장은 알 수가 없다. 이때 조직은 어떻게 해서든 수평적 관리를 도입해 직원들 스스로 자주적으로 관리할 수 있게 해야 한다.

변종 바이러스가 끊임없이 출몰하면서, 팬데믹도 점차 생활화되고 수평적 관리 역시 미래 직장 관리의 새로운 형태가 될 것이 분명하다.

시공간을 초월한
회의 방법

회의에 참석한 사람들이 자신의 마음속에 있는 생각을
말하게 하려면 어떻게 해야 할까?
오드리 탕은 항상 지난번 토론 내용을 바탕으로 다음
회의를 진행한다. 그리고 마지막엔 모두가 '대략적인
합의'에 이르게 한 뒤 이를 집행한다.

2014년 오드리 탕이 아직 공식적으로 대만의 정부에 입각하기
전에 행정원에서 한 정무위원의 전담 고문을 맡고 있었다. 그녀의
일은 정무위원을 도와 새롭게 부상하는 디지털 관련 의제를 정리하
는 것이었다. 그래서 수많은 회의에 참석해야 했는데, 바로 이런 경
험 때문에 그녀는 회의 본연의 구조적 결함을 미리 볼 수 있었다.

당시 행정원은 가상 세계 관련 법규에 대해 논의하고 있었다. 그

중에는 사생활 보호와 경제 발전 사이의 딜레마, 공유경제와 노동 착취 경쟁 문제에 관한 내용도 있었다. 예를 들어, 카리브해에 있는 케이맨제도에는 수많은 새로운 회사들이 세워졌는데 그곳의 기업법이 매우 경직되어 있어서 미국식 혁신이 불가능했다. 하지만 다른 측면에서 보면 정부도 기업법의 안정성을 훼손해선 안 된다고 생각했다. 그렇게 회의 중에 서로 다른 입장의 의견들이 대립하는 일이 많았다.

이 대립의 문제는 사람들이 하나의 주제로 집중하지 못하면, 앞으로 10년을 논쟁하더라도 결론을 도출하기 어렵다는 점이다. 그러나 그 당시에는 가상 세계와 관련된 법률을 즉각적으로 수정해야 하는 상황이었다. 기존 택시 기사들이 인터넷 콜택시 업체들로 인해 생계를 위협받고 불법적으로 손님을 빼앗기는 문제로 인해 항의를 제기하는 상황이 발생했기 때문이다. 따라서 회의에서는 완벽한 만족은 어렵더라도 합리적인 수준의 가치에 빠르게 도달할 수 있는 방안을 찾는 것이 매우 중요했다.

2016년에 오드리 탕이 디지털 정무위원으로 입각하고 나서 아주 큰 변화가 일어났다. 그녀가 효율적인 회의를 위한 메커니즘을 만든 것이다. 사실 회의는 직원들의 시간 중 많은 부분을 차지한다. 회의를 주관하는 관리자에겐 더더욱 그렇다. 매일 진행되는 크고 작은 회의를 어떻게 효과적으로 진행할 수 있을지, 어떻게 참석자들이 회의를 그저 듣기만 하는 것이 아니라 자신의 생각을 자유롭게 발언하게 할지, 즉 효과적으로 회의를 하는 방법을 찾는 것이 업무 성과를 높이는 중요한 핵심이다.

오드리 탕은 늘 지난번 토론 내용을 바탕으로 다음 회의를 진행한다. 그리고 마지막엔 모두가 '대략적 합의'에 이르게 한 뒤 집행한다.

그렇다면 '대략적 합의'란 무엇일까? 이는 비록 완전히 만족하진 못하지만, 모두가 받아들일 수 있는 정도의 결과이다. 그 지점을 기점으로 삼아 다음 단계를 진행하면 최소한 이견이 생기는 일을 막을 수 있다.

그렇다면 어떻게 이끌어야 사람들이 대략적인 합의에 이를 수 있을까? 오드리 탕은 '집중대화기법Focused Conversation Method'의 단계인 'ORID'를 사용한다. 'ORID'기법은 다음과 같다.

O-Objective: 사실 파악, 오감, 객관적 정보

R-Reflective: 개인적 반응, 정서나 느낌, 연상되는 것

I-Interpretive: 의미와 가치, 중요성, 의도, 함의

D-Decisional: 의사결정, 행동, 미래 방향, 다음 단계의 행동

이 기법은 2005년 캐나다의 ICA^{Institute of Cultural Affairs} 학회가 제시한 팀 내 소통을 강화하는 토론 방식이다. ORID의 '사실과 외부 상황 관찰', '느낀 점과 연상된 점', '의미 찾기', '해결 방법 찾고 실행'이라는 4단계 질문을 통해 한 단계씩 팀원들이 효과적인 소통을 할 수 있도록 리드하고 확실한 해결 방법을 정하게 하는 것이다.

집중대화기법은 참석 인원이 많은 회의에 특히 더 적합하다. 사람이 많을수록 의견이 다양하고 복잡해 쉽게 주제에서 벗어날 수 있고 시간도 많이 소모되는데, 집중대화기법을 사용하면 사람들의 서로 다른 의견들을 조금씩 모아 회의의 진정한 목적에 집중시킬 수 있기 때문이다.

회의하기 전에 공통의 경험을 하라

오드리 탕은 집중대화기법에 '동적 중재^{dynamic facilitation}'라는 진행 방식을 더한다. 회의를 할 때, 디지털 화이트보드를 사용해 자신이 회의를 하면서 필기한 내용을 공유하는 것이다. 그 과정에서 그녀는 사람들이 제시한 문제를 분류하여 각각 다른 색깔의 포스트잇으로 나타낸다. 예를 들어, 어떤 사실을 증명할 수 있는 경우는 파란색으로, 이 사실들이 어떤 느낌을 줄 때는 노란색으로, 이 느낌들로 인해 사람들이 어떤 느낌이 더 좋은지 구체적인 의견을 내게 할 때는 초록색으로, 이 구체적인 의견 중 실행 가능한 것들은 주황색으로 나타내는 것이다. 깔때기처럼 먼저 제각각의 발언들을 광범위하게 수집한 뒤, 천천히 그 생각들을 모아 각각의 안건으로 만들고, 마지막에는 회의의 가장 중요한 목적인 실현 가능성에 초점을 맞추는 것이다.

오드리 탕은 회의를 서서히 이끌어 가는 것이 중요하다고 생각한다. 사안에 대한 각자의 의견을 나누고 어떤 객관적 사실이 그런 의견을 갖게 했는지 이야기를 나눈 후에 회의를 시작하는 것이다. 이런 과정을 간과하고 바로 사람들에게 의견과 해결 방법을 제시하라고 하면 머릿속에 있는 객관적 사실들이 전혀 정리되지 않는다. 모두 평행한 시공간에 존재만 할 뿐 교집합이 이뤄지지 않는 것이다.

감정의 교집합이 없을 때는 사람들이 각자 자기 말만 하고 상대방의 감정을 이해하지 못하기 때문에 일정한 합의에 도달할 수 없다. 이런 상황에서는 회의 시간만 질질 늘어지거나 관리자가 차라리 상명하복의 방식을 선택해 직원들을 명령에 따르게 한다. 이처럼 형식적으로 진행되는 회의는 결국 아무런 의미가 없다.

오드리 탕은 이럴 때 레너드 코헨Leonard Cohen의 노랫말을 자주 인용한다. "모든 곳에는 갈라진 틈이 있다. 그곳으로 빛이 들어온다."라는 노랫말이다. 회의의 목적은 열심히 갈라진 틈을 벌려 모두가 이 의제에서 문제로 느끼는 지점이 무엇인지 찾는 것이다. 즉, 함께 노력해 나가야 할 방향이 어디인지부터 찾는 것이라는 뜻이다.

그래서 집중대화기법은 먼저 사람들이 회의에서 다룰 토론 주제에 대한 의견에 초점을 맞춘다. 예를 들어, "이 의견을 낸 이유는 무엇인가요?", "개인적인 느낌은 어떤가요?", "그 느낌을 받은 지금, 객관적 사실이 무엇인지 기억하나요?" 이런 질문들을 통해 사람들의 자유분방한 사고를 서서히 하나의 사고 맥락으로 끌어들여야 비로소 '대략적 합의'에 도달할 수 있다.

만약 상대방이 말한 사실을 당신이 전혀 알아들을 수 없다면, 이는 두 사람에게 어떤 공통의 경험이 부족하다는 뜻이다. 그래서 대략적 합의에 도달하려면 '공통의 경험'이라는 중요한 전제 조건이 충족되어야 한다. 그래야 계속 토론을 이어갈 수 있다.

예를 들어, 대만에서 우버Uber가 택시 운전 면허증이 없는 운전자를 모집하여 운행한다고 가정해 보자. 누구나 한 번 이상 택시를 이용한 경험이 있으므로 이에 대한 느낌은 서로 다를 수 있지만, 처음으로 이런 상황을 경험한 사람들보다는 더 깊은 토론이 가능할 것이다. 만약 서로가 공통의 경험을 바탕으로 이야기하고 있지 않다면, 한 사람의 말은 상대방에게 그저 설교일 뿐 제대로 들리지도, 이해되지도 않는다. 하지만 서로가 공통의 경험이 있다면, 설교일 필요도 없이 상대방은 곧바로 이해할 수 있고, 상대방의 사고방식에 맞춰 대화하면 된다.

다시 말해, 오드리 탕은 사전에 공통의 경험이 없으면 회의 주제에 관한 생각을 공유할 때 큰 시련을 만날 수 있다고 생각했다. 감정을 공유할 때 머릿속에서 같은 경험을 찾지 못해 상대방이 공허함을 느끼고 회의를 빨리 끝내기 위해 억지로 동의하는 문제가 발생하는 것이다. 억지로 상상해 본다고 해도 텅 빈 상상일 뿐이다. 그래서 회의를 진행하는 사람은 공통의 경험을 만들어 주는 것이 중요하다.

예를 들어, 오드리 탕은 회의를 진행하기 전에 반드시 먼저 현재 토론 중인 주제의 실제 상황을 경험해 본다. 우버 관련 회의를 진행하기 전에 그녀는 타이베이에서 고급 차량 서비스인 우버블랙Uber Black을 타 봤다. 에어비앤비Airbnb에 대한 회의를 진행한다면, 그녀는 실제로 에어비앤비 숙소에 가서 일일 스위트룸을 빌려 생활해 본다. 만약 인터넷 주류 판매에 대한 주제라면 술을 마시지 않아도 인터넷에서 술을 사보기도 하는 것이다.

그녀가 행정원에 들어가면서 제시한 조건이 며칠은 원격 근무를 한다는 것이었는데, 사실 다른 조건이 하나 더 있었다. 그것은 바로 그녀가 어디에서 근무를 하든 일을 한 것으로 간주한다는 내용이었다. 공간 제약을 두지 말아 달라는 요청 사항이다. 그녀가 행정원 사무실에 없는 날에는 소셜 이노베이션 센터에 있거나 전국을 돌며 입법원 공청회든, 협업 회의에서든 토론 주제를 현지에서 이해하는 데 많은 시간을 보낸다. 소도시에 관한 주제를 토론할 때는 실제 현지에 가보고 그곳에서 고민한다. 해당 지역에 직접 갈 수 없을 때는 그 지역과 가까운 곳에서 관련된 사람들을 만난다.

그런데 생각해 보면 모순적이지 않은가? 천재 해커라는 사람이 인터넷을 통하면 어떤 거리 제약도 뛰어넘을 수 있는데 왜 굳이 현장 철학을 고집하는 것일까? 이는 오드리 탕이 어떤 일을 할 때, 실제 현장의 고충에 가장 가까이 있는 사람의 목소리를 듣고 경험하고 싶어 하기 때문이다. 다시 말해, 사회 문제를 해결할 방법을 찾을 때는 직접 현장으로 가서 누구보다 실제 상황에 대한 통찰력과 이해력을 키우기 위해서이고, 최대한 그 주제와 관련된 공통된 경험을 많이 쌓기 위해서다.

이렇게 공통된 경험이 생기면, 회의를 진행할 때 먼저 참석자들과 공통된 기억을 공유할 수 있다. 참석자들에게 다른 유사한 경험을 공유해 달라고 하면, 현장에 있는 사람들은 모두 유사 경험의 기억 속으로 빠져들 것이다. 그러면 한곳에 집중된 상태에서 토론을 진행할 수 있게 된다. 그러지 않으면 각자 하고 싶은 말만 할 뿐 상대방의 말을 이해할 수 없는 상황이 펼쳐질 것이다.

오드리 탕은 이 단계에서 사람들의 초점을 한데 모을 수 있다면 감정적인 부분에는 그렇게 많은 시간이 들지 않는다고 말했다.

"누군가 자신이 한 번도 경험하지 못한 일의 기초적인 사실에 관해 이야기한다면 나는 그 사람의 말을 전혀 이해하지 못할 것이다. 공통의 경험은 소통의 문을 열어 주는 핵심 요소다."

예컨대 예전에 소셜 이노베이션 센터의 공간을 기획할 때, 센터는 거의 폐허 수준이었고 지하실은 침수된 상태였다. 이때 오드리 탕은 모든 사람을 그곳으로 불러 모아, '현장'에서 설계 도면을 힘께 보면서 어떤 모양의 창문으로 바꾸는 게 좋을지 상상해 본다든지 하여 그 주제에 집중하게 했다. 만약 온라인상에서 사진 몇 장을 함께 보거나 평면도를 보여 줬다면, 현장을 제대로 알지 못하기 때문에 사람들은 효과적인 대화를 나주지 못한 채 각자 자기 말만 했을 것이다. 특히 공간을 기획할 때는 현장감을 조성하는 것이 매우 중요하다.

모두가 경험하고 체험한 사실을 회의의 전제 조건으로 삼으면 '어느 쪽이고, 누구 편인지'와 같은 이름표를 붙이거나 공동체 의식을 쌓는 데 시간을 쓸 필요가 없어진다.

'최고'보다
'충분히 좋은'이어야 하는 이유

그렇다면 정말 대략적 합의만 도출하면 될까? 완벽한
합의가 더 좋은 결과가 아닐까?
오드리 탕은 매우 철학적인 이야기를 했다.
"최고는 가장 좋은 적이다."
이는 사람들이 이미 '충분히 좋으면 된다'라는 생각으
로 도출한 대략적 합의가 있는데, 굳이 '최고'의 의견을
내리고 한나면 이는 모두가 도달한 '충분히 좋은' 의견
을 적으로 돌리게 된다는 뜻이다.

'충분히 좋은' 방법은 사람들을 100% 만족시키지는 못해도 모두
가 받아들일 수 있고 특별히 누군가의 권익을 희생시킬 필요가 없
다. 지금 상황에선 이 방법을 쓰는 것으로 충분하다.

반면에 '최고'의 방법은 한 번에 목표를 달성하고 사람들이 완벽

하게 문제를 해결할 방법을 의미한다. 누군가가 어떤 방법이 10년 후에는 '최고'의 방법이 될 것이라는 사실을 다른 사람들보다 먼저 알았다면, 그는 10년 뒤가 아니라 지금 당장 그 방법을 사용하고 싶을 것이다. 그러나 두 달 뒤에도 예상대로 '최고'의 결과를 얻을 수 있을까? 그건 확실하지 않다. 상황은 늘 바뀌고 변수가 생길 수도 있기 때문이다.

이는 '더 잘하고 싶은' 마음에서 비롯된 것이므로 의도는 좋다. 하지만, 자신이 단번에 문제를 풀어 100점이라는 성과를 보이면, 다른 사람들은 당신에게 박수를 쳐주는 것 외엔 달리 배울 것이 없다. 더군다나 이 좋은 방법이 10년 뒤에야 인정을 받는다는 것은 현재의 환경이나 사람, 기술 모두 아직은 알맞은 단계에 도달하지 못했고, 한 번에 도달할 수도 없다는 뜻이다. 이때 당신에게는 두 가지 선택지가 있다. 하나는 자기 생각을 고집하다가 나중엔 심각한 좌절을 맛보는 것이다. 결과는 10년 후에야 나오기 때문이다. 또 다른 선택지는 바로 '충분한' 대략적 합의를 받아들이는 것이다. 완벽하지는 않지만 10년 후에는 반드시 '더 좋은' 결과를 탄생시킬 것이다라는 믿음을 갖는 것이다. 오드리 탕은 "이 두 가지 선택지 모두 10년 후에야 '더 좋은' 결과가 탄생한다. 둘의 유일한 차이점은 각자가 느끼는 감정이다."라고 말했다.

다른 측면에서, '최고'가 문제를 해결하려면 더 큰 노력과 시간을 들여야 하는 데 반해 '충분히 좋다'는 것은 사람들이 함께 도출한 대략적 합의에 근거해 당장의 문제를 해결할 수 있다는 뜻이다. 그녀는 굳이 '최고'의 방법으로 '충분히 좋은' 방법을 대체해 문제를 해결하려고 하면 모두를 불편하게 할 뿐이라고 말한다. 한시라도 빨리 합의에 도달하지 않으면 일을 진전시킬 수 없기 때문이다. 그럴 바엔 모두가 충분한 기본적인 공통의 인식을 가지고 출발해 천천히 공통의 경험을 쌓고 이를 바탕으로 계속 전진해 나가서 충분히 좋은 것보다 조금 더 좋은 결과를 만드는 편이 낫다.

근래 등장한 e스포츠 선수라는 신흥 직업을 예로 들어 보자. 당초 정부 각 부처가 토론할 때 e스포츠 업계를 어느 부처에서 관리해야 할지를 몰라서 처음에는 습관적으로 기존의 틀 안에서 생각했다. 교육부는 e스포츠가 체육이라고 볼 수 없기에 문화부에 속해야 한다고 했지만, 문화부는 e스포츠가 전통적인 기술은 아니기 때문에 경제부 소관이라고 했다. 경제부는 자신들이 경기장은 관리해도(게임 기기와 같은 하드웨어적인 설비 관리) 선수를 관리하진 않기 때문에 자신들과는 아무런 상관이 없고, 상대적으로 교육부와 관련이 크다고 생각했다.

당시 오드리 탕은 집중대화기법을 통해 e스포츠 선수가 하고 싶은 말을 거리낌 없이 할 기회를 마련했다. 그리고 그들이 겪고 있는 현실적인 문제, 개인적인 이야기, 성장 과정 등을 모두 기록한 뒤 이를 공개해 모든 부처 사람들이 볼 수 있게 했다. 그리고 회의에서 각 부처가 발언한 내용을 다시 각 부처에 보내 10일 동안 다시 검토하게 했다(회의 당일의 발언이 완전하고 정확하지 않으면 이를 수정, 보충할 수 있도록 했다). 그리고 10일 후, 회의록 전체를 대외적으로 공개해 누구나 온라인에서 열람할 수 있도록 했다.

회의록이 공개된 뒤, PTT뿐만 아니라 mobile01, Bahamut*에서 이에 대한 네티즌들의 뜨거운 토론도 이어졌다. 초반에는 인신공격이나 각종 부정적인 이모티콘을 남기는 등 비이성적 행동을 하는 네티즌도 있었다. 하지만 오드리 탕은 보통 다섯 번째 댓글 이후부터는 이성적인 의견들이 나타나기 시작한다고 생각했다. 대개 네 번째까지는 감정적인 발언들이 쌓이다가, 그 뒤로는 전문적인 의견을 내는 사람이 나오기 시작해 사람들이 보다 진지하게 생각하도록 한다는 것이다.

그래서 다음 행정원 회의 때 오드리 탕은 온라인의 모든 감정적 댓글은 제외하고 전문적인 의견을 낸 댓글만 모아 각 부처에 전달했다. 예를 들어, "요즘은 다들 바둑을 온라인상에서 두기 때문에, 난 바둑 선수도 e스포츠 선수라고 생각한다.", "예전에 농구 스타도

---

* mobile01, Bahamut : 대만의 대표적인 온라인 커뮤니티들.

군 대체 복무를 시켜 준 적이 있는데, e스포츠 선수도 그렇게 할 수 있다고 생각한다. 물론 문화부가 동의한다면.", "사실 교육부는 원래부터 전문 기술을 배우는 전문 커리큘럼이 있는데 왜 e스포츠 전문반은 개설할 수 없지?" 등과 같은 댓글들이 있었다. 이와 같은 외부의 다양한 의견을 접함으로써 공무원들은 세상을 바라보는 다양한 시각을 제공받을 수 있었다. 이런 과정에서 그들이 원래 가지고 있던 단단한 고정관념이 흔들리기도 했다.

네티즌 측면에서도 다음 회의록에서 자신들의 의견이 반영된 것을 보면 더욱 문제 해결 방식에 집중할 것이고 아무 목적 없이 감정적인 발언을 내뱉지 않을 것이다. 이 방식은 알게 모르게 각 부처와 외부 시민들이 함께 협력 회의를 할 수 있게 했고, 실현 가능한 방법을 찾아내게 했다. 훗날 e스포츠에 대한 4차 회의가 열리고 난 뒤 대략적 합의에 이르렀다. 그리고 최종적으로 3개 부처가 관련 업무를 맡게 되었다. 오드리 탕은 이것이 절대 그녀가 정한 기준이 아니라 사회 속 서로 다른 지역, 취향 등이 객관적으로 결합된 것임을 강조했다.

누구나 참여할 수 있어야 능력도 계승할 수 있다

'대략적 합의'의 뒷면엔 깊은 사고와 깨달음을 전하는 업무관이 있다. 하지만 아무리 똑똑한 사람도 자기 능력 밖의 일을 만나게 되고, 이 문제를 완벽하게 해결하기 위해 혼자서만 동분서주한다면 그 과정에서 다른 사람들은 아무것도 배우지 못한다. 그러면 문제 해결 능력이 그 똑똑한 사람 개인에게만 있기 때문에, 그 사람이 자리를 비우면 문제는 해결되지 못한 채 그대로 남는다.

이는 현재 대만 기업들이 직면한 세대교체 문제와 같다. 1세대 창업가들은 모두 유능한 사람들이지만 새로운 영역을 개척하고 확장하는 동안 어떻게 자신의 창조력을 발휘하여 다음 세대나 젊은 세대 간부들이 단순히 집

"어떤 아이디어가 형성되는 과정을 자기 세대에서만 진행하면 다음 세대에 계승되기 어렵다. 젊은 세대들은 왜 이런 결정이 내려졌는지 알지 못하기 때문이다."

행만 하는 것이 아니라 의사결정 과정에 참여하게 할 수 있는지에 대해서는 많은 고민을 하지는 못했다.

다음 세대 후계자가 이미 올라왔는데도 1세대 창업가가 여전히 자원과 권력을 자기 손에 쥐고 다음 세대가 능력을 발휘할 여지를

174

조금도 남겨 두지 않고 모든 문제를 자기가 해결하려고 하면, 비록 문제는 지금의 권위적인 방식으로 즉각 해결되겠지만 후계자는 문제 해결 능력을 전혀 이어받을 수 없다.

이게 바로 오드리 탕이 어떤 주제로 토론할 때 모두 함께 토론하는 것을 좋아하고, 개방형 토론을 통해 각 측의 의견을 들어보고, 해결 과정을 최대한 공개하는 것을 좋아하는 이유다. 일시적으로 눈앞의 문제를 해결할 수 없더라도 사람들 모두가 문제 해결 과정을 배우고, 후계자는 이를 토대로 계속 문제 해결 능력을 익혀 발휘할 수 있으며, 더 많은 가치를 함께 창조할 수 있기 때문이다.

"똑똑한 사람도 자기 능력 밖의 일을 만난다. 문제를 완벽하게 해결하기 위해 혼자만 서두른다면, 그 과정에서 다른 사람들은 아무것도 배우지 못한다."

회의 때마다
회의록을 작성하라

오드리 탕은 대략적 합의를 도출하는 과정에서 회의 때마다 자세한 기록을 남기는 것이 매우 중요한 핵심이라고 강조했다. 그래야 다음번 회의 때 지난 회의에 내린 결론을 바탕으로 한 단계 더 깊은 토론을 이어갈 수 있다.

2016년에 오드리 탕이 정부 기관에 입각했을 때, 그녀가 내건 조건 중 또 하나는 바로 그녀가 진행하는 회의의 내용을 모두에게 공개하는 것이었다. 녹화를 했다면 영상을 공개하고, 녹화하지 않았다면 회의록을 작성해 공개하자는 것이다. 그녀는 완전한 기록이 있어야 사람들이 이전에 토론했던 내용을 잊지 않을 수 있고, 다음 회의에서도 건설적인 새로운 생각들이 계속 나올 수 있다고 봤다.

완전한 기록이 없으면 누군가는 자신의 의견이 반영되지 않았다고 생각해 지난 회의의 결론을 뒤엎고 다시 원점으로 돌아갈 수도 있다.

다시 말해, 자세한 회의록을 남겨 두지 않으면 지난 토론 결과를 기억하지 못해서 지난번에 이미 부결된 안건을 다시 꺼내 토론할 수도 있다는 것이다. 이는 지난 회의를 무용지물로 만드는 일이고, 이로 인해 소통 비용은 점점 더 커진다.

오드리 탕은 자세한 회의록을 작성한 뒤에 하는 일이 하나 더 있다. 그것은 회의가 끝나고 회의록을 회의 참가자들에게 다시 보내 열흘의 시간 동안 내용을 수정하고 보충하게 하는 것이다. 이는 한 편으로는 기록을 더욱 완전하게 다듬기 위해서고, 다른 한편으로는 각 회의 참여자가 이 회의록을 읽을 때, 다시 한번 자신이 제시한 의견이 기록과 일치하는지 검토하고, 다음 회의 때 중복된 의견을 내지 않기 위해서다.

앞서 언급한 집중대화기법은 팀 소통에도 많은 도움이 되지만 사용할수록 직관적인 반응이 좋아져 상대방이 어떤 감정 상태에 있든 오드리 탕은 이런 식으로 리드할 수 있다.

"어떤 의견이든 사실을 바탕으로 한 내용은 우리가 먼저 인정해야 하지 않을까요?" 그러면 사람들의 주의력은 감정이 아닌 사실의 상태로 빠르게 옮겨 간다.

예를 들어, 2022년 5월 팬데믹 상황이 심각할 때 오드리 탕은 긴급하게 '확진 사례 관리 시스템'을 설계하여 중앙 시스템의 불안정성을 대체하고 시간 차이로 인한 연구 및 판단의 격차를 줄여야 했다. 급하게 받은 요청이라 단시간에 설계를 마쳐야 했는데, 한 매체가 그녀에게 이로 인해 스트레스를 많이 받지 않았냐고 묻자 그녀는 이렇게 답했다. "기계는 압박을 많이 받았겠지만, 사람은 괜찮습니다. 그리고 기계가 압박을 많이 받으면 기계를 추가해 처리하면 됩니다." 그녀의 유머러스한 대답으로 인해 감정적인 상황에 맞춰져 있던 대중들의 초점은 교묘하게 사실 자체에 옮겨질 수 있었다.

사실 두 사람 사이의 소통에서도 집중대화기법을 사용할 수 있다. 특히 상대방 의견이 강할 때 보통 정서적으로도 격렬한 상태일 때가 많은데, 그 의견에 반대하는 입장이더라도 꼭 이를 말할 필요는 없다. 오드리 탕은 이때 이런 제안을 한다.

"상대방과 옳고 그름을 따질 필요 없이 이렇게 말해 봅시다. '당신이 이렇게 강한 느낌을 받은 것은 어떤 사실을 발견했기 때문인가요? 그 사실에 대해 말해 주실 수 있나요?'"

심지어 오드리 탕은 악플러들에게 답글을 달 때도 이 기법을 사용한다. 예를 들어, 악플러가 그녀의 헤어스타일에 대해 "100년 전

헤어스타일이다."라고 지적하면, 오드리 탕은 객관적 사실에 근거해 이성적인 면을 끌어내 답한다. "구체적인 지적 감사합니다. 팬데믹 기간이라 미용실에 들를 시간이 없네요. 다음 주에 헤어스타일을 바꿔 보도록 하죠."

비전문가에게 회의 진행을 맡겨라

디지털 정무위원으로서 오드리 탕은 매일 다양한 정부 부처 사람들과 '협력 회의'를 한다. 공공 부처의 공무원들과 시민들을 초청해 회의를 진행하고, 집중대화기법으로 문제를 발견하고 그 문제에 모든 사람이 집중할 수 있게 한다. 이때 오드리 탕은 의제 설정부터 분업 확인, 진행팀 연구 과제, 핵심 문제 정의, 대면 토론에 이르는 일련의 프로세스로 부서 간 협력 회의를 진행하는데, 진행 기술과 회의록, 녹화 영상 및 슬라이도* 등의 질문 기술을 결합해 사람들의 정보를 정렬하고 소통을 원활하게 한다.

여기에 특별한 점이 있다. 협력 회의 진행팀이 토론을 진행할 때, 특별히 그 의제와 관련이 없는 부서 공무원에게 진행을 맡기는 것이다. 처음에는 조금 이상하게 들릴 수 있다. 만약 금융 관련 의제라면 금융과 관련이 있는 부서 공무원이 와서 진행하는 것이 맞지

---

* 슬라이도(sli.do) : 온라인에서 사람들의 생각을 수집하고 순서에 관한 투표를 진행할 수 있는 플랫폼.

않은가? 하지만 오드리 탕은 그런 뻔한 방식을 쓰지 않았다. 이는 대부분의 토론에서 공무원은 대중의 관점에서, 대중은 공무원의 관점에서 사고해 볼 수 있어야 하기 때문이다. 하지만, 공무원은 자신이 설정한 정책에 대해 집단 이기주의를 드러내며 자신의 가치를 방어하려고 한다. 그래서 오드리 탕은 재정과 금융 관련 의제를 토론할 때는 해양위원회 공무원이 진행을 맡고, 해양 문제를 토론할 때는 금융 감독 관리위원회의 공무원이 진행을 맡게 하는 것이다.

이 과정을 조금 더 자세히 살펴보자. 해양위원회 사람은 세금 신고를 할 때 일반 납세자의 신분이기 때문에 재정부의 입장을 수호할 필요가 없다. 마찬가지로 금융 감독 관리위원회 사람은 해양 관련 의제에서 일반인의 신분이기 때문에 서핑에 관해서 이야기한다고 해도 일반적인 취미로서 서핑을 아는 수준이므로 해양 순찰대의 입장을 수호할 필요가 없다. 다시 말해, 이런 배치를 통해서 각 공무원은 일반 시민의 관점에서 토론을 진행하게 되고, 그가 느끼는 문제 역시 일반 시민이 느끼는 문제이기 때문에, 대중들은 진행자가 자신들의 편에 서 있다는 느낌을 받을 수 있다. 이런 회의 방식은 효과적으로 팀을 관리할 때도 유용하다.
직장에서는 이런 방식으로 구성된 팀을 '다기능 팀'이라고 부른다. 다기능 팀은 지난 몇 년간 소프트웨어 회사들 사이에서 유행한 업무 방식으로, 회사에서 서로 다른 전공을 가진 사람들, 심지어는 외부에서 초청한 사람까지 모아 팀을 구성하여, 서로의 장점으로 단점을 보완하면서 공동으로 업무 목표를 달성한다.

서로 다른 전문 분야에서 공동의 가치를 찾아라

다기능 팀은 서로의 단점을 보완하는 것은 물론, 일반 기업 회의에도 매우 적합하다. 예를 들어, 회의를 열 때마다 각 팀(혹은 부서)에서 대표를 뽑아 비전문 의제 회의에 의장을 돌아가며 맡을 수 있다. 앞서 언급했던 것처럼 진행자는 그 분야를 잘 알지 못하지만, 반드시 사람들을 이끌어 회의를 진행해야 하므로 비교적 겸손한 자세로 다른 사람의 의견을 경청하고 모든 의견이 충분히 제시되도록 할 것이다.

이는 전통적인 직장에서 열리는 부서 간 회의와는 크게 다르다. 일반적인 직장에서 회의를 진행하는 사람은 보통 두 종류인데, 한 사람은 회사 사장이고, 다른 사람은 회의 주제를 이해하는 전문가 동료이다. 하지만 이는 두 가지 결과를 초래한다. 먼저, 사장이 진행하는 경우 사장은 '덕망이 높고 결정권이 있는' 사람이기 때문에 아랫사람들이 하고 싶은 말을 다 하지 못하고 최대한 사장의 의견을 거스르지 않으려고 한다. 그렇게 되면 진정한 소통은 불가능해지고 사장이 원하는 대로만 하게 된다. 한편 전문가가 회의를 진행하는 경우, 다른 사람들은 혹여나 잘못 말했다가 전문가에게 비웃음을 살까 봐 함부로 의견을 내지 못한다.

오드리 탕은 비전문가가 회의를 진행하면 그가 아는 것이 다른 사람들보다 많지 않기 때문에 다른 사람이 어떤 뛰어난 의견을 내면 잘 메모해 둘 것이고, 회의 내용에 관련해 진행자의 지식이 많지 않기 때문에 현장의 전문가들은 진행자가 알아들을 수 있는 방식으로 의견을 제시할 것이다. 그러면 자연스럽게 다른 분야 전문가들도 이해할 수 있게 된다고 말했다.

특히 오늘날처럼 모든 일에 영역을 넘나들며 소통해야 하는 시기에 우리가 직면하는 대부분의 문제는 가치 취사 선택에서 하나의 전공만을 바탕으로 결정할 수 없는 것들이다.

각각의 전문가들이 모두 자신의 가치를 고집할 때는 다기능 팀 진행 방식에 집중대화기법을 더해 천천히 의견들을 융합한다면, 모두가 완전히 만족하지는 못해도 어느 정도 받아들일 수 있는 대략적 합의를 도출해 공동의 가치를 생산할 수 있다.

왜 요즘 젊은 학생들이 공부하는 과정에서 좌절하고 있는 것일까?
이는 무엇보다 공부에서 '쓸모'를 지나치게 강조하기 때문이다.
'쓸모 있음'은 유용한 것을 말한다. 과거 전통 사회에서도 '쓸모 있음'은
좋은 것을 뜻했다. 사람들은 쓸모 있는 재주를 배워 사회의 수요에 맞게
사용하면서 걱정 없이 한평생을 살 수 있었다.
하지만 과학 기술의 시대에 '쓸모 있다'라는 것은 오히려 점점 모호해지고,
좀 더 심층 있게 다뤄야 할 토론 거리가 되어 가고 있다.
과학 기술이 빠르게 발전하면서 사람이 하던 일이 점점 기계로
손쉽게 대체되고 있기 때문이다.

PART 5

AI 시대의 공부법

: 배움은 나를 깨우는 일

NEW
THINKING

'쓸모없는 사람'이
되는 법을 배워라

오드리 탕은 늘 혁신적인 업무 처리와 발언으로 대중들의 주목을 받아왔다. 이번에도 예외가 아니다. 그녀는 "우리는 아이들을 쓸모없는 사람으로 키워야 한다."라고 이야기한다. 모두들 사회 어딘가에 쓸모 있음을 강조하는 시대에 그녀는 왜 이런 역행하는 이야기를 던진 걸까?

2021년 2월, 매킨지글로벌연구소McKinsey Global Institute의 보고서에 따르면, 코로나 바이러스의 영향으로 원격 근무, 전자상거래, 자동화의 기존 추세가 가속화되었다. 그리고 이러한 변화로 인해 앞으로 더 많은 근로자가 직업을 바꿔야 할 것이라고 말했다. 특히 식음료 매장 서비스 파트 직원이나 점원, 사무실 행정 직원과 같이 일선에서 사람들과 접촉하는 근로자들의 업무는 기업이 자동화를 가속화함에 따라 온라인 서비스로 전환될 가능성이 커 대량 실업을 겪게 될 것이라고 했다.

팬데믹 이전에는 과학 기술이 노동 시장에 끼치는 영향이 주로 중산층에 집중되어 있었다. 저임금 근로자들은 자신이 하던 업무가 자동화되어도 가정 돌보미나 소매업 서비스 직원 등 다음 일자리를 찾을 수 있었다. 하지만 팬데믹이 사람과 사람 사이의 거리를 변화시켰고, 수많은 서비스가 온라인으로 발전하면서 근로자들의 미래에 영향을 주기 시작했다. 이로 인해 2030년 전까지 전 세계 16명 중 1명은 직업을 바꿔야만 하고, 전 세계 절반의 사람들은 새로운 기술을 배워야 자기 밥그릇을 지킬 수 있다고 말한다.

세상이 급변하면서 사람들은 점점 더 자주, 그리고 빠르게 뚜렷한 해결책도 없는 미지의 상황을 맞닥뜨린다. 개인의 능력은 이미 급변하는 시대를 따라 잡기에 역부족이다. 더군다나 사회를 운영하는 수많은 기능을 모두 기계에 맡길 수 있다고 할 때, 사람이 기계로 대체될 수 있는 영역을 준비하거나 공부하고 있다면 그 과정에서 쉽게 좌절감을 느낄 수밖에 없다. 배워 두면 쓸모 있으리라 생각했던 것들이 1년 사이에도 빠르게 새로운 과학 기술 도구로 대체되기 때문이다. 심지어는 그 업계 자체가 사라질 수도 있다. 그렇게 오랜 시간 공부해 온 것들이 학교 교문을 나서자마자 폐기물 취급을 받는다는 사실은 학생들의 학습 심리에 큰 영향을 줄 수밖에 없다.

이게 바로 오드리 탕이 "우리는 아이들을 쓸모있는 사람으로 키워야 한다."라고 말한 이유다. **그녀가 말한 '쓸모없는 사람이 되라'는 것은 너무 일찍부터 자신을 특정 용도로 정의하지 말라는 뜻이다. 공부하는 사람을 '사물화'하지 말아야 한다. 우리는 사물이 아니기 때문에 자신을 어떤 기술을 공부하는 하나의 도구로 생각해선 안 된다.**

그녀는 『장자莊子』의 「소요유逍遙遊」 중에 나오는 대화를 예로 들어 설명했다. 혜시*는 장자에게 길가에서 자라는데도 상처가 많고, 가지도 비비 꼬인 탓에 목재로 쓰기에 전혀 적합하지 않아 목수들이 거들떠보지도 않는 가죽나무에 관해 이야기한다. 그러자 장자는 '그 나무의 쓸모없음을 걱정하기보단 그 큰 나무를 넓은 곳에 심어 사람들이 나무 아래서 더위를 피해 쉴 수 있고, 여유롭게 즐기게 해야 한다'고 말했다. 또한 '이 나무가 목재로는 쓸 수 없지만, 그런 이유로 베이지 않을 수 있으니 아주 좋은 일이 아니냐'고 덧붙였다.

오드리 탕은 장자가 수많은 예를 통해 많은 것이 꼭 쓸모를 위해

---

* 혜시(惠施) : 중국 전국시대 송나라 사상가.

존재하는 것은 아님을 알려 주었다고 말한다. 가죽나무는 겉으로 보기에는 목재로 쓸 수 없으니 쓸모없는 나무처럼 보인다. 하지만, 그런 탓에 목수들에게 베이지 않고 자신의 방식대로 존재할 수 있었고 큰 나무로 자라 많은 사람이 그 아래에서 더위를 피하고 몸과 마음을 편히 쉴 수 있었다. 이것도 또 다른 쓸모가 아닌가?

'쓸모 있음'보다 '재미'가 더 중요

우리가 왜 공부를 해야 하는지 돌이켜 보자. 왜 요즘 젊은 학생들은 공부하는 과정에서 좌절을 경험할까? 이는 무엇보다 공부에서 '쓸모'를 지나치게 강조하기 때문이다.

'쓸모 있음'은 유용한 것을 말한다. 과거 전통 사회에서도 '쓸모 있음'은 좋은 것을 뜻했다. 사람들은 쓸모 있는 재주를 배워 사회의 수요에 맞게 사용하면서 걱정 없이 한평생을 살 수 있었다. 하지만 과학 기술의 시대에 '쓸모 있다'라는 것은 오히려 점점 모호해지고, 좀 더 심층 있게 다뤄야 할 토론 거리가 되어 가고 있다. 과학 기술이 빠르게 발전하면서 사람이 하던 일이 점점 기계로 손쉽게 대체되고 있기 때문이다.

장자의 말처럼 사물에 대한 사람의 수요가 곧 '쓸모'다. 만약 망치를 가지고 있었는데 망가졌다면 사람들은 "쓸모없어졌다."라고 말할 것이다. 사람이 부여한 망치의 기능을 잃어버렸으니 '쓸모없는 망치'가 된 것이다. 우리가 어떤 기계에 계산기의 기능을 부여하고 이를 정해진 용도로 사용할 때, 우리는 이 기계에 다양한 기능이 두루 들어 있는 것이 아니라 특정 기능만 들어 있다고 생각할 것이다. 만약 우리가 이 기계나 망치를 정의하는 방식으로 누군가를 정의한다면, 그것은 곧 그들을 '물화物化'하는 것이다.

사람을 물화하면 특정 기능 속에 가두기 쉽고, 일단 그 기능이 시대 변화로 인해 도태되거나 자동화로 대체된다면 좌절감을 느끼기 쉽다. 그들이 한 공부가 외부로부터 강요된 것이고 자신의 마음속에서 흥미를 느껴서 한 것이 아니기 때문이다. 이것이 바로 학생이든 근로자든 요즘 점점 더 많은 사람이 공부에서 모두 '벽에 부딪히는' 느낌을 받는 이유다. **오늘 겨우 한 가지 재주를 키웠는데 내일 더 효율적으로 일하는 로봇에게 대체될 수 있기 때문이다.**

어떻게 '쓸모없는' 사람으로 키울까?

그렇다면 학습 면에서 어떻게 '쓸모없는' 사람이 될 수 있을까? 어떻게 아이들을 '쓸모없는' 사람으로 키울 수 있을까?

오드리 탕은 국가 12년 교육 과정 발전 위원회(교과 발전 위원회)에서 일하는 동안 전통적인 교육 방식의 문제점을 지적했다. 그가 문제로 삼은 것은 이것이다. 전통적인 학습 방식은 특정한 구조를 갖고 있으며, 학습자들은 그 구조에 맞춰 일방적인 방식으로 학습해야 한다. 이로 인해 학습자들은 자신이 원하는 상태에 도달하기 위해 강요받는 느낌을 받으며, 이러한 방식으로 오랫동안 배운 내용과 관련된 산업이 사라지거나 자동화될 경우 좌절감을 느낄 수 있다.

그래서 오드리 탕이 속한 교과 발전 위원회는 어떻게 학생들에게 학습의 흥미를 끌어낼지를 알아내기 위해 '자발성, 소통, 공동 작업' 순으로 중요도를 설정하여 연구하고 있다.

자발성이 선두인 것은 교육은 서비스와 학습으로 이루어지는 것이지, 학생이 교육 구조에 맞추는 것이 아니기 때문이다. 그래서 강의를 계획할 때 가장 먼저 학습에 대한 학생의 흥미를 유발하는 방법을 고민하는 것이다. 예를 들어, 매체 관련 수업을 들을 때는 뉴스만 볼 줄 알면 되는 것이 아니라 학생에게 매체에 대한 소양을 길러 주고, 소재를 재창조하는 방법을 알려 줘야 한다. 데이터 관련 수업을 들을 때는 데이터 과학이나 빅데이터에 대한 이해를 넘어서 측정하고 기여하는 방법을 배워야 한다. 즉, **법을 배우는 것이 '쓸모 있는 변호사가 되기 위해서'만은 아니고, 의학을 배우는 것이 '쓸모 있는 의사가 되기 위해서'만은 아니듯이 학생이 뭔가를 배우는 것을**

특정한 용도를 위해서라고 학습의 폭을 좁히지 말아야 한다.

또한 과거에 초등학교의 실과, 음악, 미술 등과 같은 재능과 기예 과목을 '생활 과정'으로 융합하고, 선생님들은 '가르친다'라는 개념을 내려놓고 학생들과 사이좋게 지내야 한다. 요컨대 시험 점수로 좋은 학생과 나쁜 학생으로 가르지 말고 한 사람 한 사람의 학습 상태에 관심을 가지고 관찰하여 학생들이 흥미를 느끼는 것에 대해 표현하는 용기를 가질 수 있도록 격려하고 지지해야 하는 것이다.

"학습자를 '물화'하지 마라. 사람은 사물이 아니다. 자신을 기술을 배우는 도구로 만들지 마라."

오드리 탕은 학습 과정에서 아이들이 자신의 흥미를 탐구할 수 있도록 도와야 그들이 사회적 요구에도 맞출 수 있고, 공동의 가치도 창출할 수 있다고 강조했다. 공동의 가치가 생기면 사회에 친근함을 느껴 반사회적 인간이 되는 것 또한 막을 수 있다고 생각한 것이다.

부모 역시 '가르친다'는 개념을 내려놔야 한다. 오드리 탕은 "아이와 토론하는 것이 아이에게 모범 답안을 주는 것보다 더 나은 방법이다."라고 말한다. 그녀는 현재 우리의 세계에는 언제든지 새로운 상황이 발생할 수 있으며, 이러한 상황은 이전 지식 체계로는 대처하기 어렵다고 말했다.

오드리 탕이 13살일 때, 어머니는 13살이면 이미 어른이라며 그녀와 어른의 방식으로 상호작용을 했다. 어른 사이에는 경계선이 있기 때문에, 어머니는 오드리 탕을 어느 정도까지는 이끌어 주고 그다음부터는 오드리 탕이 알아서 하게 했다. 당신이 친구에게 조언을 해주었을 때, 친구가 그대로 따르지 않는 것은 그 사람의 사정이고, 모두 어른이기 때문에 자신의 결정엔 자신이 책임을 져야 하는 것처럼 말이다. 이런 어른 대우는 피그말리온 효과도 불러일으킬 수 있다. **13살 아이가 성숙하게 행동하길 기대한다면 어른처럼 대우해라. 그러면 아이는 금방 성숙해질 것이다.**

오드리 탕은 무엇보다 아이 스스로 자신의 흥미를 알아내고 배우고 싶은 것에 다가가는 것이 중요하다고 말했다. 어른은 그저 곁에서 기초적인 학습환경만 만들어 주면 된다고 생각했다. 자기 내면에서 비롯되는 학습이야말로 사람이 기계와 다른 점이자 기계가 대신할 수 없는 것이다. 우리가 사람을 기계처럼 보지 않을수록 '쓸모'가 강조되지 않을 것이다.

오드리 탕이 '쓸모없는 사람'을 키워야 한다고 제안한 것은 아무것도 하지 않는 사람을 키우자는 얘기가 아니다. 외부의 강요에 의해 자신을 특정 용도로 정의하지는 말자는 것이다. 인간은 기계가 아니기 때문이다. 그녀는 '인공지능'을 머신 러닝에 비유하는 것도 적절하지 않다고 생각한다. 소위 머신 러닝은 사실 기존 자료를 경험에 따라 판단하는 프로그램을 만드는 것이기 때문이다.

하지만 인간은 사고할 때 경험만을 반추하는 것은 아니다. 사람도 뇌에서 생각을 거치지 않는 경우가 있다. 예를 들어, 당신이 어떤 얼굴을 봤을 때 바로 그 사람이 누구인지 아는 것은 머신 러닝과 매우 흡사하다. 즉, 우리가 2초도 채 지나지 않을 만큼 '생각하지 않고' 반응하는 것은 모두 기계와 비교할 수 있는 것이다.

사람의 뇌에는 또 하나의 작업 영역이 있다. 그곳에는 서로 다른 개념들이 있어 의식적으로 종합적인 판단을 진행할 수 있고, 창의성이나 영감 등이 생길 수 있다. 하지만 이는 반드시 각자의 주관과 의식적으로 경험한 현상에 따라 결정해야 한다. 그래서 이 부분은 AI와 비교할 수 없다. 이것이 바로 사람이 기계와 다른 점이다.

로봇이
대체할 수 없는 영역

사람이 기계에 양보해야 할 부분은 빠르게 생각해야 하는 영역이다. 기계는 이미 아주 빠른 속도로 판단할 수 있기 때문이다. 하지만 천천히 생각해야 하는 영역은 여전히 사람의 뇌에 맡겨야 한다. 오드리 탕은 자신에게 어떤 경험이 있다고 말하는 것은, 상대방도 같은 경험이 있다면 서로 교류할 수 있다는 의미라고 말했다. 하지만 '나는 어떤 사람이다'라거나 혹은 '어떤 계열'이라고 자신을 정의해 버리면 상대방과 교류할 기회는 없다. 자신을 특정한 범주로 구분했기 때문이다.

SF소설『컬처』시리즈에서는 이미 사람이 어떻게 '쓸모없는' 사람이 될 수 있는지 생각하기 시작했다. 책 속 인류 사회는 '탈결핍 사

---

* 탈결핍 사회(Post-scarcity) : 미래 이상적인 인류 사회에서는 사람들이 노동하지 않고 무상으로 모든 것을 얻을 수 있다.

회'*에 진입했고, 생활에 필요한 물건들은 대부분 완전 자동화된 방식으로 만들어진다.

이런 상황에서 사람들은 어디에 시간을 *써야 할*까? 어떻게 해야 사회에서 쓸모없는 사람이 될 수 있을까? 꽤 많은 소설이 이 문제를 탐구하고 있으며 이는 사람들에게 큰 깨달음을 주었다. 어쩌면 우리 세대의 사람들이 지금과 같은 '결핍'의 시대를 '탈결핍' 시대로 전환할지도 모른다.

만약 우리 세대의 수많은 일을 기계에 넘기면 사람은 미래를 어떻게 사고해야 할까? 어떻게 기계와 공존하며 사회를 창조할 수 있을까? 오드리 탕이 늘 이야기해 온 '함께 일하는' 개념에 대한 영감은 바로 이 『컬처』 시리즈에서 나온 것이다. 그리고 오드리 탕이 늘 '공감', '공동 창조'를 특히나 강조하는 이유는 이것이다. 인류가 가진 소중한 경험은 자신을 도구 삼아 공부하고, '생각하지 않고' 반응하는 부분이 아니다. 이는 지금도 전부 기계에 맡길 수 있는 부분이다. 하지만 사람들이 공동으로 창조한 지식으로 새로운 지식을 탐구하는 영역만큼은 아직 로봇으로 대체할 수 없다.

지식은 온라인 학습에서, 실험과 조작은 오프라인에서

디지털 시대에 인간은 어떻게 기계와 잘 지낼 수 있을까? 오드리 탕은 사람과 사람 사이에 기계를 두고 이를 통해 더 많은 사람을 알아야 하고, 기계가 이를 대신하게 해서는 안 된다고 생각했다. 이는 온라인 게임에서 가상 세계에 완전히 빠져들어 현실 세계를 잊고 지내는 것과 게임이라는 매개체를 통해 더 많은 친구를 사귀는 것의 차이와 같다.

아주 좋은 예시 하나가 있다. 2021년 팬데믹이 심각해지면서 학교는 휴교를 하거나 원격 수업을 해야 하는 상황에 직면했다. 현장에서 수업을 할 때는 학생들이 조금이라도 집중력이 흐트러지면 선생님의 다음 말씀을 알아들을 수 없다. 하지만 선생님은 반 전체를 관리해야 하므로 한 학생이 진도를 따라가지 못해도 계속 수업을 진행해야 했다. 반면 원격 수업에서는 학생이 어떤 내용을 알아듣지 못하면 다른 윈도우 창을 통해 친구에게 물어볼 수 있어 오히려 진도를 쉽게 따라갈 수 있다.

그래서 수업이 온라인으로 전환되었을 때, 선생님이 통제 욕구를 내려놓으면 오히려 학생들의 학습에도 도움이 되고 학습 방식도 비교적 편해질 수 있다. 예를 들어 원격 수업으로 수학을 가르친다고 해 보자. 계산기 사용을 막을 수 없으니 대부분의 시간을 단순한 산수가 아니라 수학 자체의 논리적 사고법을 가르치는 데 사용할 수 있었다. 교실에서 산수를 하는 것은 사실 전혀 의미가 없기 때문이다.

오드리 탕은 원격 수업을 통해 사람들이 어떻게 기계와 잘 지낼 수 있는지, 어떻게 확장 프로그램을 사용하는지를 어느 정도 알 수 있게 됐다고 말했다. 이는 선생님도 배워야 하는 부분이다. 특히 **원격 수업을 할 때 선생님은 학생들이 여러 창을 열어 놓거나 한 번에 여러 가지 일을 하는 것을 막을 수 없다. 그러니 학생이 수업 시간에 딴짓을 한다고 야단을 치고 관리할 것이 아니라, 아이들을 위해 확장 프로그램을 어떻게 잘 쓸 수 있을지, 어떻게 온라인 학습 분위기를 잘 조성할지를 고민해야 한다.** 선생님이 원격 수업을 할 때 관리자의 마음을 내려놓는다면 학생들은 더 자유롭게 공부할 수 있다. 예를 들어 학생이 화면에 보이지 않는다고 그 학생이 집중력을 잃었다고 생각하거나 자신의 수업 창이 한쪽으로 옮겨져 있지는 않을까 하는 우려심을 내려놓을 수 있다면, 사실 온라인 수업은 비교적 조작이 필요하지 않은 많은 과목에서 유익하다. 학생들은 자기 학습의 주도권을 가지고 이해가 가지 않는 내용이 있을 때는 바로 다른 친구에게 물어보거나 검색해서 오히려 주의력을 더 높일 수 있기 때문이다.

오드리 탕은 많은 정보와 지식을 담은 과목일수록 온라인 학습 효과가 좋다고 생각한다. 이는 온라인 학습 내용은 반복 재생할 수 있고, 각자 자신의 학습 속도에 따라 흡수할 수 있기 때문이다. 그러나 실습이나 조작이 필요할수록 오프라인에서 함께 모여 배우는 것이 더 적합하다. 예를 들어, 온라인에서는 농업 이론의 기초를 배우는 것이 적합하다. 이는 지식적인 내용이기 때문이다. 하지만 온라인에서는 토론과 학습만 제공하기 때문에 농지에 비료를 주거나 씨를 뿌리는 것은 반드시 실제 밭으로 나가야 한다. 이는 조작과 관련된 일이기 때문이다.

비록 오늘날의 영상 서비스가 매우 편리하긴 하지만, 함께 현장에 있는 느낌을 받기는 아직 어렵다. 이는 기술력 때문이 아니라 높은 비용으로 인해 모든 사람에게 각각 VR 기계를 나눠 줄 수 없고, 사람들도 아직 익숙하지 않기 때문이다.

아시아 주변 국가의 수많은 지역에서 여전히 과거의 교육 방식을 채택하고 있을 때, 대만의 국가 교육 과정에서는 이미 권한을 위임받은 학교의 교과 발전 위원회, 개인 교사, 선생님들의 능력 향상을 위한 단체 등을 위한 공간이 많이 구비되어 있고, 원래 실험 교육에서 통하던 방식을 정규 교육에 적용해 보고 있었다. 그래서 다른 아시아 국가들보다 대만 선생님들은 팬데믹 기간에 비교적 당황하지 않을 수 있었다. 일찍부터 온라인 수업에서 사용할 수 있는 좋은 교재와 교수법을 준비해 선생님들에게 제공했기 때문이다.

온라인 교육은 기본적으로 시공간의 제약을 뛰어넘어 서로를 연결한다. 특히 5G 시대에 인터넷만 연결하면 어디든 교실이 될 수 **있기 때문에 과거의 오프라인 교실처럼 선생님이 앞에서 강의하면**

학생들이 뒤에서 경청하는 선형적 교육 방식에서 벗어나야 한다. 이보다는 온라인 수업을 할 때 어떻게 해야 기계를 통해 제공되는 각종 확장 프로그램을 사용해 학생들과 상호작용할 수 있는지를 고민해야 한다. 인터넷을 잘 사용해야 원격 교육을 하는 의미가 있는 것이다.

실수할 수 있는 공간을 만들어라

이외에 오드리 탕은 실수할 수 있는 공간을 만드는 것이 중요하다고 강조했다. 처음부터 타고난 능력이 있는 사람은 없다. 그녀는 영어를 독학했던 경험을 예로 들었다. 오드리 탕은 먼저 영어로 사고하는 환경에 자신을 던져 놓았다. 예를 들어 청소년 시절에 자주 하던 '매직 더 개더링'이라는 카드 게임을 하는 것이다. 이 게임을 하려면 영어로 생각해야 한다. 게다가 관련된 온라인 커뮤니티에서는 모두가 영어로 대화를 나눴다. 다만 사람들은 채팅방에서 자유로운 대화를 나눴기 때문에 아무도 다른 사람의 영어 문법이 옳은지 그른지 지적하지 않았다. 그로 인해 더욱 자신 있게 영어를 사용할 수 있었고, 이 자신감은 영어 습득에 아주 큰 힘이 되었다.

사람들이 학교에서 영어를 배울 때는 시제, 알파벳, 수 일치 등 모든 부분이 다 맞아야 하지만, 사실 원어민도 말을 할 때 완벽한

문법을 쓰려고 노력하지
는 않는다. 그녀가 과거
에 여러 나라를 돌아다
니면서 각 나라 사람들
과 소통할 때도 아무도

"디지털 시대에는 읽기, 학습 모두
이미 과거의 수동적인 방식에서 지
금의 상호작용 식으로 바뀌었다."

have been과 has been의 차이에 대해 신경 쓰지 않았다. 잘못 말
해도 상대방은 다 알아들었다.

그녀는 우리가 학교에서 배운 것처럼 문장 구조의 옳고 그름을
따지다 보면 말을 할 때 머릿속에서 끊임없이 자신을 교정하게 되
어 말을 유창하게 하는 데 영향을 미친다는 것을 알았다. 그래서 오
드리 탕은 영어로 말할 때, 자신을 교정하지 않으며 문법이 틀리면
틀린 대로 말했다. 이처럼 오드리 탕은 디지털 시대에는 읽기, 학습
모두 과거의 수동적인 방식에서 지금의 상호작용 식으로 바뀌었으
며, 심지어 서점의 정의조차 변화하고 있다고 거듭 강조했다.

진정한 성공을 위한
공간적 사고

진정한 성공은 가치의 '공동 창조'에서 온다. 모두가 여전히 인생은 경쟁적인 경주 트랙이라고 믿고 개인들이 계속해서 승패를 겨루며, 성공은 엄격한 경쟁적 사고로만 얻어진다고 고집한다면 결과적으로 승자는 거의 없고 패자만 넘쳐나는 세상이 될 것이다. 그 결과, 대부분 사람들은 좌절과 실패 속에서 삶을 보내게 될 것이다.

2020년 4월, 청핀誠品 그룹 회장 우민제吳旻潔는 특별히 오드리 탕을 찾아와 이런 질문을 했다.

"디지털 시대의 독서에 맞춰 미래의 이상적인 서점은 어떤 모습이어야 할까요? 그리고 어떤 기능을 갖춰야 할까요?"

이 대화에서 오드리 탕은 우리가 책이나 지식에 대한 이해도가 더

업그레이드될 필요가 있다고 분명하게 지적했다. 요즘 젊은 세대들은 책에서 일방적으로 지식을 얻던 과거 방식과 달리 상호작용을 통해 학습한다고 그녀는 말했다. 예를 들어, 그들이 전자책을 읽을 때, 어떤 문제가 생기면 새로운 창을 열어 검색해 본다. 검색해 봐도 이해가 되지 않으면 커뮤니티에 질문을 올리고 끊임없는 상호작용으로 정보를 교환하여 지식을 얻는 방식이다. 이로 인해 책의 정의 역시 변화하고 있다고 말했다. **'Facebook'의 'book(책)'이 더 이상 전통적인 의미의 '책'이 아니라 높은 상호작용성을 가진 '소셜 네트워크 사이트'를 말하는 것처럼 말이다.**

오드리 탕 자신도 전통적인 방식으로 지식적인 책을 이해하지 않는다. 그녀는 "책이란 저에게 '쓰기'의 의미입니다."라고 말한다. 그녀는 보통 온라인에서 전자책을 내려받아 읽고, 책을 다 읽으면 서평을 남긴 뒤 책과 대화를 나누며 2차 창작을 시작한다. 그녀는 키워드를 연결하는 방식으로 여러 책을 읽는데, 이게 바로 그녀가 종이책을 읽지 않는 이유다. 종이책을 읽으면 키워드나 중요한 내용을 발견했을 때, 그때마다 책갈피를 해놓기도 힘들고, 페이지를 기억할 수도 없다. 하지만 전자책은 키워드를 통해 기억해야 할 중요한 부분을 검색하기 쉬워 빠르게 지식을 축적할 수 있다.

독서의 정의가 바뀌고 있다

독서에 이미 변화가 일어나고 있는 만큼 서점의 역할도 변해야 한다. 그래서 오드리 탕은 미래의 서점은 사람들에게 공동 창작의 느낌을 주는 상호작용의 공간으로서 '집단 창작 공간'이 되어야 한다고 했다. 다시 말해, '책'이 동사가 되었기 때문에 서점 역시 그에 맞는 역할을 해야 한다는 것이다. 더 이상 그저 책들을 진열대에 줄 세워 놓고 관심 있는 사람이 와서 발굴해 주길 기다려서는 곤란하다. **서점은 일방적인 독서를 하는 곳이 아니라 독서를 즐기는 사람들이 와서 창작과 경험을 교류할 수 있는 공간이어야 한다**는 것이다.

독서만 상호작용 방식으로 바뀌고 있는 것이 아니라 문자의 의미도 변하고 있다. 테드 창의 『당신 인생의 이야기』에서는 문자가 가진 전통적인 의미를 뒤집었다. 예를 들어, 외계인들의 문자는 글씨 방향의 변화에 따라 서로 다른 의미가 있었다. 또한 이는 단순한 선으로 된 문자가 아니라 공간감이 충만한 문자였다. 사실 이런 문자의 변화는 우리 세계에서도 일어나고 있다.

전통적인 문자의 쓰기 방식과 문자 자체의 성질, 글의 순서는 모두 선형 관계를 맺고 있기 때문에 독서 또한 선형으로 진행되었다. 오드리 탕은 위키백과와 같이 오늘날 인터넷상의 문자는 이미 선형에서 네트워크 관계로 발전했다고 한다. 전자책을 읽을 때 키워드를 누르면 다른 인터넷 페이지로 연결될 수 있다. 다시 말해, 독서를 할 때 앞줄을 읽었다고 해서 꼭 다음 줄을 읽어야 하는 것이 아니다. 중간에 있는 키워드를 클릭해 다른 곳으로 넘어갈 수도 있기 때문이다.

문자와 독서의 변화는 몸에 밴 익숙한 선형 사고가 뒤집히는 것을 의미한다. 20세기 제3차 산업혁명 이후, 사람들은 선형 경제 시대에 돌입했고, 선형 경제는 대규모 개발과 상품 제조, 사용 후 버리는 식의 생산소비 패턴을 통해 있는 힘껏 경제 성장을 추구했다. 하지만 이 경제 성장은 지구의 유한한 자원을 급속도로 소모했고, 우리의 생존 환경에 영향을 주었으며, 이러한 경제 패턴으로 살아가던 소비자에게도 영향을 끼쳤다.

인터넷 시대에 중요한 공간적 사고

2021년 제93회 아카데미 시상식에서 감독상, 작품상, 여우주연상을 수상한 영화 〈노매드랜드Nomadland〉는 미국 기자 제시카 브루더Jessica Bruder의 동명 소설을 원작으로 한 영화다. 전통적인 선형 경제 체제 아래 수년간 열심히 일해 온 미국 중산층 여성이 중년 이후 격변하는 새로운 세계를 만나면서 안정적이던 삶이 트레일러를 타고 일자리를 찾아 떠도는 이른바 유목민(노매드) 생활로 바뀌는 내용을 담고 있다.

『노매드랜드』라는 소설에서 작가는 차에서 생활하며 아르바이트로 생계를 꾸리는 미국의 노매드들의 흔적을 따라가 본다. 그리고 그들과 함께 생활하고, 이야기하면서 중산층의 선형 경제 신념에 대한 사고와 이로 인한 육체적·정신적 고통을 서술한다.

2008년 금융위기가 미국의 중산층을 덮치고 디지털이 구시대 경제 체제의 변화를 가속하자 신구 교체 시대 격변의 성실한 중산층들은 모두 정체된 임금과 끊임없이 부추겨지는 소비 욕망, 갈수록 높아지는 대출금에 대한 부담과 각종 청구서에 짓눌리고 피폐한 삶을 살게 되었다.

책 속의 한 노매드는 이렇게 말했다.

"예전의 사회적 계약은 당신이 규칙(열심히 공부하고, 직장에 들어가 열심히 일하기)만 잘 지키면 모든 것이 순조로웠다. 하지만 오늘날 이는 더 이상 진리가 아니다."

삶과 일이 혼란에 빠지고 경제적 영역이 수직으로 발전하지 않자 그들은 중년 유목민이 되기로 결심한다. 지금까지 안정적으로 삶을 영위하던 주거지와 임금을 포기하고 모든 살림을 캠핑카나 트레일러에 싣고 도로를 달리다가 가끔 일도 하면서 유목민 생활을 하기 시작했다.

작가는 에필로그에서 이런 의문을 제기했다. "앞으로 몇 년 뒤의 사회 질서엔 또 어떤 왜곡과 변화가 일어날까? 얼마나 많은 사람이 이 제도에 짓눌릴까? 또 얼마나 많은 사람이 그 압박에서 벗어날 방법을 찾게 될까?" 어쩌면 마이클 샌델이 『완벽에 대한 반론』(와이즈베리, 2016)에서 다음과 같이 말한 것이 진리인지도 모른다.

"우리는 일에 대한 사고방식을 바꿔야 한다. 시민의 입장에서 생각하면 한 사람의 가장 중요한 경제적 역할은 소비자가 아닌 생산자다. 우리는 생산자의 신분으로 발전하고 자신의 능력을 발휘하며 타인의 요구에 따라 제품이나 서비스를 제공해 사회적 존엄을 얻는다. 우리가 하는 기여의 진정한 가치는 월급으로 측정될 수 있는 것이 아니다."

"커뮤니티 시대에 진정한 성공은 공동의 가치를 달성하는 데서 온다."

이것이 오드리 탕이 늘 공동 창조의 가치를 강조하는 이유이기도 하다. 네트워크 시대에 오드리 탕이 시작한 공간적 사고는 독서뿐만 아니라 학습, 업무에 있어서 사람들을 한 공간에 배치하여 함께 원성하게 하는 것이다. 전통적인 교육을 받은 직장 내 관계가 상명하복의 관계로 이루어져 상상력을 제한하고 무엇이든 그저 개인의 경험으로 끝나며 좌절감 또한 갈수록 커지는 것과는 다르다. 그녀는 커뮤니티 시대에 진정한 성공은 공동의 가치를 달성하는 데서 비롯된다고 생각한다.

교육은 승패를 따지는 것이 아니다

만약 사람들이 인생은 경주 트랙과 같아서 각 개인은 승패를 겨루어야 미래에 경쟁력을 얻을 수 있다는 고정된 사고에 갇혀 있다면, 이기는 사람은 소수고 지는 사람은 다수이기 때문에 다수의 사람은 모두 좌절감을 안고 살아야 할 것이다. 그래서 교과 발전 위원회가 내세운 목적은 교육 과정을 기획할 때 승자와 패자의 개념이 없도록 하는 것이다. 대신 의사소통을 통해 공동의 가치를 찾아내고 모두가 공동으로 발전할 수 있도록 한다. 그렇게 해야 모든 개인이 행복해질 수 있다.

오드리 탕은 시험 성적을 경쟁 방식으로 사용한다는 점에 반대했다. 이런 교육은 아무런 의미가 없다. 성적이 좋은 사람은 그저 이 트랙에서 다른 사람들보다 더 멀리 간 사람일 뿐이다. 우리의 교육은 제로섬 게임을 할 것이 아니라, 애초에 출발점에서 몸을 틀어 일찍이 자신이 가고 싶은 방향을 결정한 사람이나, 그 방향을 찾고 있는 사람을 받아들여야 한다.

비록 오드리 탕은 더 이상 위원회 위원도 아니고 교육 분야를 담당하지도 않지만, 그녀는 공동의 가치와 공동 창조를 업무에서 실현하고자 한다. 정책 소통에서 그녀는 이렇게 말한 적이 있다.

"어떤 정책이 특정 기준을 충족하면 소통할 수 있는 좋은 기업이나 좋은 시민단체이고, 기준에 부합하지 않으면 나쁜 기업이나 나쁜 시민단체가 되는 것은 아니다."

현실과 가상을
함께 누리는 미래 세계

2022년 4월 24일, 오드리 탕은 대만을 대표해 미국 및 전 세계 50여 개 나라의 장관들과 온라인상에 한데 모여 '인터넷의 미래를 위한 선언문(Declaration for the Future of the Internet)'에 공동 서명했다. 그리고 네트워크 및 디지털 기술에 대한 비전 실현을 위해 애쓰는 것 외에도 각국이 진정한 개방, 경쟁 촉진, 사생활 보호, 인권 존중을 실천하는 네트워크를 만들어 가자고 약속했다.

전 세계가 팬데믹 상황이 빠르게 번져 나가던 2022년 3월에 '인터넷의 미래를 위한 선언문'을 체결한 것은 꿩장히 의미 깊은 일이다. 팬데믹으로 인해 대부분 일상생활이 온라인상에서 진행되고, 디지털 전환은 이미 필연적인 추세로 자리 잡았으며, 더 중요하게는 민주적 가치에서 강조하는 언론의 자유, 인권 등을 인터넷 환경에서도 어떻게 동일하게 적용할지가 이미 인류의 미래 과제가 되었기 때문이다.

역사학자 유발 하라리가 『21세기를 위한 21가지 제언』에서 분명하게 밝혔듯이, '디지털 독재'는 이미 세계적인 근심거리가 되었으며, 현재 전 세계는 두 가지 혁명의 교차점에 서 있다.

하나는 '의료 영역의 발전'이고, 다른 하나는 컴퓨터 과학자들이 '자료 처리 능력을 장악하고 있다'는 점이다.

2020년 7월, 하라리는 오드리 탕과의 온라인 대담에서 '디지털 독재가 미래의 인류에게서 다시는 '자유의지'를 보지 못하게 할 것'이라고 말했다. 오드리 탕은 '디지털 독재'는 당연히 '인터넷의 미래를 위한 선언문'에서도 중요하게 생각하는 개념이라고 언급한다. 그녀는 네트워크 세계에서 모든 공간과 커뮤니티엔 각각의 규범norm이 있다고 했다. 이런 규범은 사람들에게 자연스럽게 생겨난 관습으로, 선언문의 선언 방향 역시 그곳에 모인 각국의 대표들이 인터넷을 함께 관리하자는 것이 아니라 함께 겸허한 마음으로 인터넷의 기존 규범을 바탕으로 하는 공동 관리 방식을 배우자는 것이었다. 그래서 인터넷에 원래 존재했던 다방면의 이해관계인들이 공동으로 관리하던 방식이 사라지지 않게 해야 하고, 네트워크에서 어느 한쪽에 권력이 집중되게 해서는 안 된다는 것이다.

디지털 독재에 대한 대응

더 나아가 디지털 집권에 대해 이야기할 때, 그녀는 보통 사람들이 현실 세계에서처럼 국가에 기반한 집권을 떠올리지만, 사실 네트워크 세계에서는 비국가적인 세력들이 권력을 장악하고 있으며, 우리는 이러한 권력을 결코 무시해서는 안 된다고 강조한다. 예를 들어, 페이스북과 같이 50% 이상의 주식이 한 사람의 손에 있을 때, 그 사람은 규칙을 결정할 수 있는 강력한 권력을 갖는다. 오프라인의 민주 정부 아래에서는 이런 힘을 견제하고 균형을 맞추게 하는 여러 방법이 있다. 상소, 법률 소원 등과 같은 방식으로 모두가 참여할 수 있으며, 지역사회의 대표자나 의회 의원들을 찾아가 조정을 시도할 수도 있다. 하지만 네트워크 세계에서는 그런 방식이 존재하지 않는다. 대형 온라인 사이트들의 결정권이 과도하게 집중되어 있고, 소수에 의해 운영되다 보니 인터넷상에는 다양한 집권 형태가 생겨났다. 이것이 '인터넷의 미래를 위한 선언문'이 다원적인 관리 방식을 통해 네트워크 집권을 방지해야 함을 강조한 이유다.

분산을 통한 다원화된 관리 방식에 관해 오드리 탕은 "자신과 타인의 상호작용에 관한 규범을 설정할 수 있는 완전한 권력이 있어야 한다."라고 말했다. 예를 들어, 오늘 어떤 작가가 오드리 탕을 인터뷰하기 위해 인터뷰 장소를 결정하고, 인터뷰 내용을 문자 그대로 기록하고, 인터뷰 내용을 공개하는 방식 등은 서로 합의하고 설정할 수 있는 규칙이다. 누군가의 동의를 구하지 않아도 된다.

이러한 개념은 인터넷 세계에서도 형성되어야 된다. 예를 들어, 메타버스에 관해서도 대부분의 사람들이 상상하는 것은 모든 사람이 한두 개의 큰 메타버스 플랫폼에 집중하는 것이다. 이 큰 플랫폼 안에서 사람들 간의 상호작용 방식은 플랫폼 주인이 결정하는 것이며, 어떤 상호작용이 적절하고 부적절한지도 주인이 결정한다. 방문자가 스스로 적절하다고 생각해도, 플랫폼이 그렇지 않다고 판단하면 주인은 방문자를 강제로 퇴출할 수 있다.

그래서 오드리 탕은 페이스북을 '클럽'에 자주 비유한다. 이곳에서는 중독성 있는 음료를 팔고, 주위는 시끄러우며, 들어오려면 약간의 비용도 지불해야 한다. 만약 이곳에서 몇 마디라도 잘못 말했나산 가이드들에게 붙들려 쫓겨날 수도 있다. 게다가 그 안은 담배 연기가 자욱하고 사람 얼굴도 제대로 볼 수가 없으며, 눈에 띄는 것이라고는 사람들의 흥청대는 모습뿐이다.

오드리 탕이 클럽이나 유흥업을 폄하하려고 한 말은 아니다. 만약 두 사람이 인터뷰를 하고 토론을 한다면 그 장소를 당연히 클럽과 같은 곳으로 정하지는 않을 것이고, 목적에 맞는 공간을 찾을 것이라는 얘기다. 최근 몇 년간 유행했던 팟캐스트가 좋은 예시가 될 수 있다. 팟캐스트의 장점은 개방식 소통 기술을 사용한다는 점이다. 당신이 어느 방송국에 가든 그 방송국 주인은 바로 당신이다. 퍼스토리Firstory든 사운드온SoundOn이든 어디에서나 송출하기 쉽다. 게다가 당신이 어느 방송국에서 송출하든 청취자들이 꼭 그 방송국을 찾아 들어야 하는 것이 아니라 자신이 익숙한 플레이어로 들을 수 있다. 예를 들어, 당신은 구글 플랫폼에서 팟캐스트를 들을 수도 있고, KKBOX*에서 들을 수도 있다.

만약 방송국 사장이 전면 광고 등과 같은 것들을 억지로 끼워 넣으려 한다면, 곧바로 사용자를 잃을 것이다. 사용자들은 그저 다른 플레이어로 이동하면 되기 때문이다. 이것이 오드리 탕이 가상 세계가 다양한 메타버스로 나아가야 한다고 생각하는 이유다. 이런 환경에서 당신의 플랫폼과 청취자들이 어떤 기술을 채택할지는 완전히 플랫폼과 청취자의 결정에 달려 있다. 이를 '종단간 원칙End-to-end principle'*이라고 부른다. 이는 양측이 적합한 기술을 결정하면 중간에 다른 사람이 결정하지 못하는 것을 말한다.

문제는, 이런 디지털 기술이 구축되지 않은 많은 나라의 경우, 어

---

* KKBOX : 대만 최대 온라인 음악 사이트.
* 종단간 원칙(End-to-end principle) : 컴퓨터 네트워크 및 시스템 디자인에 관한 중요한 원칙 중 하나로, 컴퓨터 네트워크나 시스템의 구성에서 기능을 최대한 단순화하고, 중앙 집중식 제어를 피하고, 최종 사용자의 컴퓨터나 장치에 더 많은 책임을 부여하려는 논리를 말한다.

쩔 수 없이 클럽처럼 토론에 부적합한 장소에서 토론을 진행할 수밖에 없고, 주위에는 곧장 주의력을 분산시킬 사람도 있을 것이라는 점이다. 그래서 오드리 탕은 자신과 타인의 상호작용 규범을 설정하는 완전한 권력이 중요하다고 생각한다.

하지만 모든 네트워크 플랫폼이 팟캐스트처럼 청취자들이 언제나 자신이 좋아하는 플레이어로 옮겨 갈 수 있거나 TV 채널처럼 상하 조절 버튼만 누른다고 바꿀 수 있지는 않다. 인터넷에는 그렇게 좋은 위치 개념이 있지 않기 때문에 옮겨 다니는 것이 매우 불편하다. 페이스북이 설정한 내보내기 기능의 제약처럼 일부 기술 장애 때문에 사람들이 쉽게 들어올 수는 있어도 나오기는 어려워진다. 이것은 앞서 언급한 인터넷의 미래를 위한 선언문에서 보호하고자 하는 인권이다. 실제 물리적 세계에서 이동의 자유는 디지털 세계에서도 적용되어야 한다는 것이다.

오드리 탕은 이것이 큰 플랫폼들을 괴롭히려는 것이 아님을 분명히 했다. 다만 사람들이 네트워크 플랫폼에 가입하고 탈퇴하는 것을 쉽게 하도록 하기 위해서다. 또한 아직 일부 알고리즘 방식이 정신 건강에 해로운지를 증명하는 간단한 방법이 없다. 보통은 어느 정도 손해를 입고 나서 혹은 내부 평가 논문이 폭로되고 나서야 사람들이 비로소 이런 알고리즘이 정신 건강에 해로운 것을 발견한다.

현실 세계에서는 이를 통제할 방법이 있다. 예를 들어, 식품이나 음료에서 어떤 화학물질을 발견한다면 약품에서부터 미성년자 보호까지 화학물질에 대해 완벽히 통제한다. 하지만 인터넷 환경의 정신 건강에 해로운 알고리즘의 병적인 중독에 대해서는 그 어떤 관리 체계도 존재하지 않는다. 화학물질에 대해 성인의 하루 노출량을 정해 놓은 것과 비교하면 쉽게 이해할 수 있다. 지금의 상황은 오히려 어떤 제품에도 아무 표시가 없지만, 사람들이 모두 사용하고 있으며, 어떤 문제가 생기면 그저 온 사회가 함께 그 대가를 치를 수밖에 없는 상황이다. 이것이 오드리 탕이 알고리즘에 대한 '소양'을 키워야 한다고 말하는 이유이다.

디지털 세계에도 인권과 자유가 있다

그런데 그녀는 왜 이를 '소양'이라고 부를까? 디지털 세계는 금주령처럼 몇 밀리리터가 넘으면 금지라고 명확하게 규정할 수 없기 때문에 소양을 키우는 방식으로 사람들이 정확한 사용 개념을 익힐 수밖에 없다. 예를 들어, 우리가 현실 세계에서 자신의 부동산을 매각하거나 기부하는 방식으로 자신의 재산을 처분하는 것처럼, **우리는 네트워크 세계에서 스케줄링하고 다른 사람과 상호작용하는 방식에 대한 주권을 소수의 플랫폼이 아니라 커뮤니티와 그 커뮤니티**

216

개인에게로 가져와야 한다.

또한 크로스 사이트 추적에 대해 과거 사람들은 사생활 침해라고 생각했다. 다른 사람이 자신의 브라우징 습관을 아는 것을 원치 않은 것이다. 그런데 지금 다시 생각해 보면 이는 단순한 사생활 침해가 아닌 자주권의 침해다. 내가 누구와 공유하고, 얼마큼 공유할지, 사용권이나 소유권 혹은 수익 분배권 등을 포함할지는 각자가 결정할 수 있어야 하기 때문이다.

만약 우리가 지금 어떤 사이트에서 좋은 규범을 세우고, 알고리즘에 대한 기본 소양을 키웠다면, 어떤 사람이 다른 사람들의 업로드 자유를 막고 CC를 사용하지 못하게 했을 때 바로 사람들의 제지를 받을 것이다. 이미 네트워크에 좋은 규칙이 생겼기 때문이다. 여기서 우리가 알아야 할 점은, 우리가 이런 나쁜 알고리즘을 어떻게 이해해야 하는가이다. 우선 지나치게 상호작용에 몰입하지 않는 데서 시작해야 한다. 계속 휴대전화만 만지면서 내려놓을 줄 몰라선 안 된다. 오드리 탕은 **사람의 자각은 보통 자각할 여유가 있어야 시작된다고 말한다. 온통 스마트폰에 정신이 팔려 '좋아요'와 '공유하기' 버튼을 누르기에 바쁘다면 알고 있던 개념들도 뒷전으로 밀리고 자제력을 상실한 채 알고리즘에 병적으로 의존하게 된다.**

그녀는 이를 막기 위해 손가락으로 스크린에 바로 터치하는 대신 키보드를 두거나 터치펜을 사용한다. 물론 가장 좋은 방법은 앞서 언급한 바와 같이 어떤 중독 물질은 어떤 제제 범위 안에 있어야 하는지 명확한 규범이 있는 것처럼 기본적인 사율 규범을 만들어서 이를 따르게 하는 것이다.

또 다른 측면에서 오드리 탕은 법이나 돈, 정보는 모두 모이고 집중되는 성질이 있다고 말했다. 정보의 경우, 과도하게 집중되었을 때 당신이 그 정보에 관련된 사람이 아니라면 당신의 권리는 박탈당한다. 정보가 어느 정도 집중되었을 때 정보가 당신을 인식하지 못하면 어떤 관할 영역에서는 한 걸음도 움직일 수 없다. 심지어는 지하철조차도 탈 수 없다.

이런 상황이 되는 것은 어떤 특수한 상황에서만 실행되는 사회적 제약이지만, 미래에 이보다 더 심각한 상황이 생길지는 알 수 없는 일이다. 그래서 '인터넷의 미래를 위한 선언문'은 이런 상황에서 소위 인권에 관해서는 최소한 현실 세계와 같은 수준의 규범이 확립되어야 하며 현실 세계보다 못해선 안 된다는 점을 강조한다.

실제 세계의 법률에서 만약 신체의 자유가 제한된다면 재판을 통해 판사는 이 사람의 신체의 자유를 제한함이 과연 적법한가를 가릴 수 있고, 제한을 당한 사람도 자신의 권리를 사용할 수 있으며, 묵비권에서부터 항소에 관한 내용까지 모든 권리를 고지받을 수 있다. 이는 기본적인 인권 보장이다. 법에는 아주 강한 집중성과 강제력이 있고 사람들 사이에 형성된 관습은 수백, 수천 년의 명맥을 유지하고 있다. 사람들은 최소한 그렇게까지는 해야 법으로 고려되지 않은 개인이나 단체가 구제의 가능성을 완전히 상실하지 않게 할 수 있다는 것을 안다.

하지만 데이터 관리 부분에서는 아직까지 이와 같은 관습이 생겨나지 않았다. 그래서 '인터넷의 미래를 위한 선언문' 중 일부분에서는 최소 네트워크 규범이 현실 세계에서의 법률보다 못한 수준이 되어서는 안 된다고 주장한다. 오드리 탕은 "우리 각자가 하나의 자유 민주주의 국가라고까지 말할 수는 없지만 데이터에 대해서는 유독 독재자처럼 구는 것이 어딘가 이상하다. 최소한 합법성에는 부합해야 한다."라고 말했다.

더욱 구체적으로 말하면, 인터넷이 많은 사회적 문제를 신속하게 해결할 수 있는 이유는 다양한 연결을 통해 빠르게 합의를 이룰 수 있기 때문이다. 어떤 한 지역에 지나치게 집중되면 인터넷의 가장 강력한 부분인 유연성이 사라진다.

최근에는 어느 일부 지역 사건들로 인해 디지털의 유연성이 더욱 필수적인 존재임을 알게 되었다. 예를 들어, 우크라이나의 디지털 혁신부 장관인 마하일로 페도로프Mykhailo Fedorov는 러시아의 우크라이나 침공에 직면한 와중에도 인터넷을 원활하게 유지하며 가상 세계에서 러시아와 전투를 주도하고, 국제적인 지원을 얻기 위해 온라인 비디오를 통해 세계 각지의 도움을 요청했다. 이는 그들이 몇 년 동안 디지털 유연성을 강화한 결과물이다.

아마도 과거에는 디지털의 유연성과 회복력이 개인에게 직접적인 문제로 여겨지지 않았을지 모르지만, 최근 지역 정치적 사건을 겪으면서 사람들은 이러한 유연성의 중요성을 깨닫기 시작했다. 이러한 유연성을 유지하는 것이야말로 민주적인 세계가 계속해서 합법성을 유지하기 위한 중요한 기초이며, 충돌이 발생하는 상황이나 갈등 상황에서만 사용되는 것이 아니라, 다양한 도전에 직면할 때도 필요하다. 이는 개방적이고 믿을 수 있고 안전한 인터넷이 필요하다는 것을 의미한다.

멀티버스는
우리의 미래일까?

2020년 10월, 페이스북의 마크 저커버그는 '커넥트 콘
퍼런스'에서 회사 이름을 '메타Meta'로 변경하는 것과
페이스북보다는 메타버스를 최우선 사업으로 한다는
사안을 발표했다.

저커버그가 '메타버스'를 공표하자마자 전 세계적으로 화제가 되
었다. '메타버스'라는 명사는 1992년 미국의 SF 소설가 닐 스티븐
슨Neal Stephenson의 SF소설 『스노 크래시』(문학세계사, 2021)에서 처음
등장했다. 비록 저커버그가 말한 메타버스라는 가상 공간은 미래에
사람들이 그 안에서 일도 하고 교류도 하고 놀 수도 있는 네트워크
세계를 말한 것이지만, 이 소설에서 말한 메타버스는 범죄와 차별
이 가득한 공간으로 묘사되고 있다,

오드리 탕은 이 소설에서는 현실이 너무 엉망이어서 사람들이 어쩔 수 없이 게임기 안경을 끼고 가상 세계로 도피한다고 말했다. 비록 가상 세계도 엉망인 것은 마찬가지지만 최소한 현실보다는 조금 더 나은 곳이다.

지난 2년간 메타버스가 다른 나라에서 매우 화제가 된 이유 중 하나는 코로나로 인해 많은 사람이 격리되면서 엉망인 현실을 피해 도망갈 곳이 있어서 그나마 다행이라는 느낌을 받았기 때문이다. 하지만 대만의 국민들은 현실 환경이 그렇게 심하게 엉망이라고 느끼지 않았기 때문에 24시간 내내 메타버스로 도망치고 싶다는 생각까지는 하지 않았다. 그래서 많은 사람이 '메타버스가 정말 우리 인류의 미래일까?'라는 의구심을 품었고, 이에 오드리 탕은 '공동 창조 및 포용과 융합'이라는 '다원우주'의 개념을 제시했다.

사람들은 메타버스를 상상할 때 몇몇 대형 플랫폼 주도로 사람들이 그곳에 모여 그 플랫폼이 설정한 규범을 받아들이는 것을 당연하게 생각한다. 하지만 오드리 탕의 멀티버스는 다원화 사회의 연장선으로 가상의 공간에서 모두 각자의 사회가 있고, 각자 필요한 공간을 설계할 수 있으며, 각자 자주권을 가진다. 여기에 멀티버스와 메타버스의 차이점이 있다.

메타버스에서 다원우주로

멀티버스의 핵심 가치는 '포용과 융합'이다. 즉, 현실과 가상을 함께 공유하고 온라인에서든 오프라인에서든 모두가 자주권을 가지면서도 서로 연결된다. 오드리 탕은 VR(가상 현실)을 통한 회의나 교육의 응용을 매우 강조해 왔다. VR이 사람과 사람이 현실의 일을 공유하는 목적으로 써야 의미가 있지, 그저 모두가 VR 기계를 쓰고 각자에게만 보이는 세계에 빠져서 다른 사람과 상호작용하지 않고, 각자가 보고 경험한 것을 공유하지 않으면 안 된다고 생각하기 때문이다.

멀티버스의 또 다른 정신은 모두에게 '공동 창조'의 자유가 있어야 한다는 점이다. 사람과 사람 사이의 상호작용 모델은 소수의 집권자가 만드는 것이 아니라 공동 창조되어야 한다. 이것이 바로 하라리가 오드리 탕과 이야기를 나눌 당시, 인간의 지각보다 높은 알고리즘이 등장했을 때 사람들이 과도하게 알고리즘이 제공하는 의견에 의존한 나머지 결국 모든 결정을 기계에 맡기지 않을까 걱정한 이유다.

하지만 오드리 탕의 생각은 달랐다. 인생의 멘토가 여러 명일 수 있고 그들이 각각 상대가 갖지 무한 통찰력을 제공할 수 있다면 결국 많은 사람이 이런 다원화된 의견 덕분에 성장할 것이라고 말했다. 그래서 당신보다 어떤 방면에서 더 뛰어난 멘토가 있어서는 안되는 게 아니라 중요한 것은 다원성이라고 말했다.

"우리는 어렸을 때, 모든 어른이 나보다 뛰어나다고 생각하지만, 어떤 어른이 다른 사람들과 교류하는 것을 막는다면 이는 곧 재앙이 될 것이다."라고 덧붙였다.

기계의 노예가 되지 않기 위해

오드리 탕은 인간과 기계의 공존에 대해서 다시 한번 강조했다. 어떻게 기계와 잘 지낼 것인가를 우리가 배워야 한다는 것이다. 여기서 잘 지낸다는 것은 인터넷 기술을 인적 네트워크에 접목해 서로 융합하는 것을 의미한다. 인권과 같은 인간의 여러 중요한 가치를 네트워크 기술에 맞추는 것이 절대 아니다. 이는 발을 신발에 맞추기 위해 깎아 내는 셈이다. **인간 사이의 규범과 인터넷이 공존하지 못하면 사람들은 점차 반사회적 인간이 되고 결국엔 모두 기계의 노예가 될 것이다.**

이는 최근 몇 년간 많은 회사가 디지털 전환을 하고 디지털을 통해 적극적으로 회사 조직을 개편하고 디지털 시대의 수요에 맞추는 것과 같다. 하지만 사람들은 디지털 전환에 대해 아직도 수많은 신화를 가지고 있고, 조직을 개편하는 과정에서 적지 않은 어려움과 충돌을 겪는다. 오드리 탕은 이 신화가 심리 상태에서 비롯되었다고 생각한다.

그녀는 "디지털 전환은 일의 흐름이나 업무 모델 전환에서 필요한 것이지, 모든 업무 도구를 디지털로 전환해야 하는 것은 아니다. 실체적 업무 프로세스를 무작정 무서류화 혹은 전자화해서는 더욱 안 된다."고 말했다.

예를 들어, 어떤 직장에서 서로 얼굴을 봐야 일할 수 있는 업무 방식이 있다고 하자. 하지만 인터넷으로 넘어오면 다양한 작업 방식을 사용할 수 있음에도 사람들이 온라인 도구를 통해 오프라인 작업법 그대로 업무를 진행한다면 "이는 두 세계에서 가장 안 좋은 부분을 통합한 것과 같다."라고 오드리 탕은 말했다.

이는 직원들이 기존 시스템과 업무 습관을 포기하지 못하기 때문이며, 다른 한 편으로는 새로운 디지털 도구가 그들의 문제를 제대로 해결하지 못했기 때문이다. 그들은 디지털 도구로 기존의 업무 흐름을 그대로 본뜨기 때문에 디지털로의 업무 전환은 상황을 더 힘들게 만들 뿐이다. 사람들은 시간을 들여 새로운 시스템을 익혀야 하지만, 이 새로운 시스템의 탄생은 기존 업무 모델의 문제를 해결하지 못하는 것이다. 이는 가장 불행한 상태다.

오드리 탕은 디지털 전환을 하려면 먼저 과거 업무 프로세스에서 어떤 부분이 중복되거나 번거로운지 찾아내고, 그 부분을 자동화해야 한다고 제안했다. 한마디로 '생각할 필요 없는' 업무들 기계에 맡기는 것이다. 다른 한편으로는 디지털 도구를 잘 활용해 새로운 업무 프로세스를 만들어야 한다. 예를 들어, 사람들의 업무 항목을 온라인 화이트보드 도구 '미로Miro'와 같은 온라인 디지털 보드에 기록하면 원격 근무에도 매우 적합하고 사람들이 소통하는 도구로도 매우 간편할 것이다.

만약 실물 보드라면 사람들이 이를 보면서 토론을 해야 해서 인원수에 한계가 있을 것이고, 사람들이 반드시 사무실에 와야 하는 불편함이 있다. 하지만 온라인 디지털 보드라면 모두가 구독할 수 있음은 물론, 자동으로 알람을 받거나 심지어는 몇천 명이 하나의 보드를 사용해도 전혀 문제가 되지 않는다. 한날한시에 보든 아니든, 오프라인이든 온라인이든, 사람들은 모두 이 공간에서 동시에 기여할 수 있다.

오드리 탕은 이를 위해선 두 가지가 필요하다고 했다. 하나는 '미로'나 '워킹 아웃 라우드Working Out Loud', '보드 시스템' 등과 같은 도구 사용이다. 이는 가장 간단한 부분이다.

다른 하나는 훈련을 제공하는 것이다. 누군가가 아직 디지털 도구에 익숙하지 않고 그 의미도 잘 모를 때 그에게 기존의 방법을 버리라고 말한다면 아직 기존의 방법밖에 모르는 그는 도대체 어디로 가야 하는지 알지 못한다. 그래서 디지털 훈련을 통해 그가 기초를 닦을 수 있게 해야 한다. 그러지 않으면 공중누각처럼 한 번에 무너질 수 있다.

"모든 것의 근본은 정확한 가치관을 지닌 지혜로운 시민이다. 디지털 기술을 잘 활용하면 인류의 중요한 가치를 확장시킬 수 있다."

오늘날 조직이 디지털 전환을 하면서 생겨나는 문제는 사람들이 아직 종이책에 기반한 사고방식에 익숙해서 온라인에서도 기존 방식을 모방하고 있기 때문이다. 예를 들어, 온라인상에서 몇천 명을 10인 1조로 나누고, 조장만 이 디지털 도구나 소통 방식을 사용하는 권한이 있다면, 이는 디지털 전환이 아니다. 그저 몇 가지 디지털 도구를 사용할 뿐이며 이를 디지털 전환이라고 부를 수 없다.

이른바 디지털 전환은 반드시 디지털 업무 프로세스를 통해 기존에 종이가 제한하던 부분, 시간이나 공간 혹은 창조력을 모두 디지털 방식으로 자유롭게 하고, 시간도 절약하면서 위험 부담은 줄이는 것이다. 만약 이런 방식의 전환을 고려하지 않고, 단순히 디지털 도구를 들여오는 것만 생각한다면, 때로는 오히려 새로운 도구로 인해 새로운 위험 부담이 생기고 사람들의 시간을 더 많이 낭비하게 한다.

오드리 탕은 사람들이 디지털 명사인 사물인터넷, VR, 빅데이터, 머신러닝 등에 대해 대부분 선입견이 있다고 말했다. 이것들은 좋은 도구이고 삶과 업무를 더 지혜롭게 계속 발전하도록 도울 것이라 믿는 것. 하지만 스마트시티에 꼭 스마트한 시민들이 산다고 할 수 없으며, 스마트한 시민들이 꼭 스마트시티에 사는 것도 아니다. 중요한 것은 정확한 가치관을 지닌 스마트한 시민이 모든 것의 근본이라는 점이다. 스마트한 시민이 정확한 판단을 내릴 수 있고, 디지털 도구에 의존해 스마트시티를 건설하며, 인간이 그 기술에 맞추는 것이 아니라 디지털 기술을 잘 활용해 인류의 중요한 가치를 확대할 수 있다.

환영받는
미래의 직업

2007년 《뉴욕 타임스》 칼럼니스트 마시 알보허(Marci Alboher)는 저서 『한 사람, 다양한 직업: 슬래시 커리어를 위한 오리지널 가이드 One Person/Multiple Careers: The Original Guide to the Slash Career』에 만화가에서부터 다큐멘터리 제작자, 경영 컨설턴트까지 여러 직업을 겸하고 있는 수백 명의 사람들을 인터뷰한 내용을 담았다.

알보허는 이 사람들이 한 가지 직업에 만족하지 못해 여러 직업을 가졌으며, 그들이 자기소개를 할 때는 슬래시(/) 부호를 사용해 자신이 여러 직함과 신분이 있음을 표시하고, 여러 직업을 통해 다방면으로부터 수입을 얻는다고 말했다. 이를 우리는 '슬래시 커리어'라고 부른다.

여러 직업을 가진 'N잡러'는 전 세계 직장인들의 로망이다. 그리고 지금까지 수많은 젊은 사람들이 일과 삶에 대한 태도에서 추구하는 바가 되었다. 그뿐만 아니라 베테랑 직장인에게도 영향을 미쳤다. 직장에서 생계를 위해 수년간 열심히 일한 뒤, 많은 베테랑 직장인들이 자신의 취미를 되찾고 적극적으로 발전시켜 이를 부업으로 만들어 다수의 직업적 신분으로 자신의 삶을 풍부하게 만들었다.

일반 사람들에게 오드리 탕 역시 슬래시 커리어의 대표 격인 사람일 것이다. 14살에 학교를 중퇴하고 나서 오드리 탕은 독학을 하는 동시에 매우 일찍 직장 생활을 시작했다. 일반 사람들보다 10년 일찍 커리어를 시작한 셈이다. 다년간의 풍부한 업무 경험을 통해 그녀는 수많은 신분을 얻었는데, 디지털 정무위원이자 시빅 해커이고, 왼손으론 프로그래밍을 하고 오른손으로는 시를 쓰는 사람이다. 또한 전 세계 각국에서 7개의 NGO 단체에도 참여한 바 있다.

그녀는 14살 이후 '왜 온라인상에서는 사람들이 그렇게 빠르게 믿고 빠르게 관심을 두거나 혐오하는지'에 대해 오랜 기간 연구를 했다. 하지만 주제가 광범위하고 참고할 만한 학문이 없다 보니 연구는 속도를 내지 못했다. 이에 그녀는 프로그램을 만들어 다양한 공간을 만들고 사람들이 그 안에서 어떻게 상호작용을 하는지 살펴볼 뿐만 아니라 다른 사람들이 만든 공간에 직접 참여해 보기도 했다. 이것이 그녀가 여러 국제 NGO 단체에 참여하게 된 이유다.

끊임없는 호기심을 영원히 유지하라

그녀가 참가한 7개의 NGO 단체는 네덜란드, 뉴욕, 스페인 등 서로 다른 지역에 있지만 모든 곳에 그녀의 사회적 네트워크가 있다. 이 단체들은 많아 봤자 3개월에 한 번, 혹은 반년에 한 번 이사회를 여는데, 그녀가 그렇게 많은 시간을 쓰지 않고도 각 단체로부터 이어지는 인적 네트워크를 통해 서로를 돕고 지식을 공유할 수 있는 장점이 있다. 만약 어떤 주제로 토론하고 싶다면, 예를 들어 팬데믹 이후 세계에 어떤 변화가 있을지에 대해, 혹은 그녀가 오랜 기간 연구해 온 어떤 주제에 관해 토론하고 싶다면, 이 7개의 단체는 7가지 서로 다른 측면에서 서로 다른 관점을 제시할 것이고, 그녀를 다양한 곳과 접촉하게 해줄 것이다.

그녀는 어쩌면 일반 사람들의 눈에 자신의 슬래시가 많아 보이고, 명함을 제작할 때 나열해야 하는 조직의 이름과 직함이 7~8가지는 될 것처럼 보일지도 모른다고 했다. 이처럼 슬래시가 많아 보이지만 그녀가 정작 몰두하는 것은 한 가지 일이다. 10대 때부터 지금까지 그녀의 연구 과제가 한 번도 바뀐 적도, 멈춘 적도 없다. 난

약 명함에 직함이 아니라 이름과 연구 과제를 찍어 낸다면 그녀야 말로 일생에 단일 커리어밖에 없는 사람일 것이다.

그래서 오드리 탕은 비록 슬래시 커리어가 이미 직장에서 당연한 것이 되었다고 해도, 시간이 지나면 사람들은 점점 직함이 아닌 자신이 탐구하던 인생의 한 가지 주제로 자신의 위치를 정할 것이라고 생각했다. 사람들은 자기 일에 대해 이미 처음과 같은 마음이 없고, 퇴직금에 대한 기대도 없으며, 오히려 '회사가 내게 준 위치가 아니라 내가 무엇에 관심이 있고, 내가 어떤 전공인지가 내 위치를 정할 것이다.'라는 생각을 하기 때문이다.

이런 측면에서 본다면 훗날 한 가지 일만 하는 사람이 오히려 특별한 존재가 되고 사람들에게 존경받을 것이다. 미래에는 한 가지 영역에만 전념해 깊이 탐구하는 사람이 갈수록 적어질 것이고, 그런 사람들은 소수이기 때문이다.

그렇다면 한 가지 주제를 유지하면서도 한편으로는 다양한 슬래시 커리어를 갖고자 한다면 어떤 자세를 가져야 할까? 먼저 지속적인 호기심을 유지해야 한다. 오드리 탕은 호기심의 방향과 실제 무엇을 배웠는가 혹은 어떤 기술을 가졌는가는 전혀 상관이 없다고 말했다. 어떤 사물에 대한 호기심 뒤에는 수백 가지 서로 다른 기술과 학문이 있을 수 있다. 그래서 단순히 어떤 문제에 대해 의구심이 생기고 그에 대한 해답을 구하는 것보다 가장 중요한 것은 호기심이 파괴되지 않는 것이다. 그래야 계속 탐구할 수 있다.

내 시간의 20%를 직업 외 커뮤니티에 써라

요즘은 모든 사람이 크든 작든 슬래시 커리어를 가지고 있다. 이는 주로 과학 기술 덕분인데, 과거에 슬래시 커리어를 가지려면 반드시 기존의 직장을 떠나거나 집에서 나와 새로운 기회와 인맥을 찾아야 했다. 하지만 지금은 많은 사람이 인터넷에서 바로 새로운 기회와 인맥을 찾을 수 있다. 이것이 슬래시 커리어를 점점 더 당연하게 여기는 이유이기도 하다.

오드리 탕은 사람들이 지금은 전업을 하고 있다고 해도 20%의 시간을 할애해 직업이 아닌 외부 커뮤니티에 참여해 서서히 자신의 겸직 인맥과 두 번째 특기를 쌓으라고 제안한다. 이는 수입을 다원화하기 위해서가 아니라 기존 직업 외에 시간을 내어 자신의 흥미를 끌 수 있는 것이 또 무엇이 있는지 탐구하기 위해서다.

다른 측면에서, 20%의 업무 외적 시간을 가지면 기존 업무에도 일정한 장점이 있다. 지금은 어떤 일을 하든 모든 것을 초월한 '메타적 사고'가 강조되기 때문이다. 따라서 슬래시 커리어를 통한 경험은 때로 기존 직업에서 의외의 생각을 유발하거나 상상하게 할 수 있도록 도와준다. 예를 들어, 오드리 탕이 스페인 NGO 단체에 참여했을 때, 이 단체 덕분에 EU와 OECD(경제협력개발기구)에 접점이 생겼다. 대만이 이 국제기구의 회원국이 아니었기 때문에 오드리 탕이 디지털 정무위원의 신분이라면 그 활동에 참여할 수 없었지만, 그가 NGO 신분이었기 때문에 가능했다. 이것이 슬래시 커리어의 좋은 점 중 하나였다.

또한 만약 어느 날 기존 직업에 질려서 잠시 멈추고 싶을 때, 어떤 사람들은 퇴사를 선택하고, 또 어떤 사람들은 뜻을 품고 먼 곳으로 여행을 떠나기도 한다. 하지만 오드리 탕은 우물 안에 오래 있다가 갑자기 세상으로 나오면 넓은 세상에서 과연 어디로 가야 할지 막막하고, 여행을 떠난다 해도 돌아온 뒤에 그다음은 어디로 발을 내디뎌야 할지 모를 것이라고 생각했다. 이때 **그동안 기존 직업 외에 쌓아 둔 커뮤니티 인맥이 있는 사람은 무급 휴가 중이든 퇴사를 하고 여행 중이든, 수많은 커뮤니티에서 당신을 받아 줄 것이고, 당신도 자신이 어디에 갈 수 있을지 알 것이며, 갑자기 막막해질 일은 없을 것이다.**
게다가 자신의 취미와 인맥을 발전시키는 데 20%의 시간밖에 할애하지 못했던 사람은 직장을 그만뒀을 때 그 시간을 60% 이상으로 늘릴 수 있고, 심지어는 그때가 새로운 다음 직업을 찾을 수 있는 계기가 될 수 있다. 이때도 자신의 업무 가치는 전혀 변하지 않았고, 그저 방향을 바꿔 같은 가치를 좇는 것이라는 사실을 느낄 수 있다.

　좀 더 확대해 보자. 직장에서는 늘 경쟁력, 즉 경쟁 관계에 대해 자주 언급한다. 앞에 가던 물결이 뒤에서 온 물결에 밀려가는 것처럼, 직장의 어떤 업무든 더 젊고 더 능력 있는 사람에 의해 대체된다. 그래서 오드리 탕은 줄곧 "나의 일과 주된 능력은 보조하는 것이다. 그래서 어떤 팀도 나의 참여로 인해 누군가를 버려야 하는 일이 생겨선 안 된다."고 말한다. 마찬가지로 그녀가 속한 어떤 팀에서도 누군가가 들어왔다고 해서 그녀를 내보내지 않는다. 서로 상호 보조의 관계에 있기 때문이다. 이런 능력을 갖춘 사람이 있으면, 나이가 어떻게 되든 어떤 일을 하다 왔든 지혜가 보태질수록 팀 전체에 큰 도움이 될 것이며 지속적으로 가치를 창조할 수 있다.

　20%의 시간 할애는 또 다른 장점도 있다. 그것은 바로 기존 직장 밖에서 친구를 사귈 수 있고, 미래에 새로운 직업을 가지게 되었을 때 그 친구가 동료가 될 수 있어 적응의 문제를 피할 수 있으며, 새로운 직장에 들어가 낯선 동료들을 만나 새로운 관계를 맺어야 하는 과정을 줄일 수 있다. 다시 말해, 평소에 20%의 시간을 할애해 자신의 다음 단계를 위해 준비하면 앞으로 어떤 직업으로 전환하디

라도 익숙한 커뮤니티에서 당신을 받아 줄 수 있다.

이외에 평일에 할애한 20% 시간으로 만든 두 번째 특기도 업무상 협상 카드가 될 수 있다. 만약 대표가 당신을 붙잡으려고 할 때 당신의 협상 여지는 더 커지게 된다. 당신은 대표에게 일주일 중 며칠은 재택근무를 할 수 있는 조건을 내걸 수도 있고, 대표도 이를 흔쾌히 수락할 수 있다. 대표도 협상 여지가 매우 크다는 것을 알고 있어서 자신이 이에 동의하지 않으면 당신이 언제든 다음 직장을 찾아 떠날 수 있음을 알고 있다.

그렇다면 20%의 시간을 어떻게 활용해야 두 번째 특기를 찾을 수 있을까? 오드리 탕은 먼저 자신이 정말 알고 싶은 일을 연구 주제로 잡는다. 그 부족함이 바로 탐구의 시작이기 때문이다. 많은 연구 보고서들이 과학 기술의 지속적인 발전으로 미래에는 반복성을 띠는 수많은 일이 자동화로 인해 사라질 것이라고 지적한다. 오드리 탕 역시 미래에는 강요받는 업무, 즉 꼭 해야만 하는 일은 없어질 것이라 생각했다.

하지만 많은 사람이 꼭 해야만 하는 일이 많지 않아도 일을 하러 갈 것이다. 일을 통해 인적 네트워크와 성취감, 자기 가치 등을 얻을 수 있기 때문이다. 다시 말해, 일이 사라지는 것이 아니라 과학 기술 도구의 발전으로 선택지가 더 많아지면서 일에 대한 선택권이 많아지고 자유도가 높아지는 것이다. 예를 들어 원격 근무가 많아지면서 반드시 특정 장소에서 일해야 한다는 제한이 없어졌다. 능력만 있으면 혹은 오랜 기간 특정 영역에 관한 탐구에 전념했다면 전 세계 직장이 모두 당신의 선택지가 될 수 있다. 그래서 슬래시 커리어를 당연하게 여기는 동시에 가장 관심이 있는 한 가지 영역을 더 깊이 탐구하여 점차 가치를 축적해야 한다.

지금 이 순간에도 그런 능력은 점점 더 중요해지고 있다.

앞으로 우리는 하나의 주제를 생각하되, 일상의 20%를 활용해 더 넓은 가지를 엮어 뻗어가는 일을 궁리해야 한다. 그래야 자신의 업무에 진정성을 담아 더 깊이 있고 더 흥미로운 시간을 투자할 수 있다. 그리고 그것이 앞으로 우리가 AI에 우리의 일자리를 빼앗기지 않고 당당히 '한 사람의 업무자'로서 자신의 자리를 지킬 수 있는 길이기도 하다.

알고리즘에게
당신의 결정권을 빼앗기지 마라

　유명한 SF 소설가 테드 창의 단편 소설 「불안은 자유의 현기증」은 양자역학에서 말하는 평행우주와 소통하기 시작한 미래 세계에 관한 내용을 담고 있다. 이 세계에서는 평행우주와 통신할 수 있는 기기 '프리즘'을 통해 다른 세계 속 자신과 대화를 나누는 것이 가능하다. 그래서 거리에는 프리즘을 대여할 수 있는 '셀프토킹바'까지 생겼다. 사람들은 여기서 작은 상자 속으로 들어가 프리즘을 활성화하고 문자나 말, 영상으로 다른 세계의 자신을 찾아 마음을 터놓고 대화하기 시작한다.

　흥미로운 점은 사람들이 다른 세계의 자신과 이야기할 때 주로 자신이 과거에 했던 결정이 옳았는지, 자신이 잘못된 선택을 한 것은 아닌지 확인하고 싶어 한다는 것이었다. 예를 들어, 어떤 여자는 과거에 A라는 남자와 결혼을 했다면 지금 더 나은 삶을 살고 있을지 궁금해했고, 프리즘을 통해 A와 결혼한 다른 세계의 자신에게 지금 잘살고 있는지 물어봤다.

또 어떤 사람은 과거에 자신이 이직하면서 연봉은 올랐지만 시간이 갈수록 일이 지루해지자, 만약 당시에 이직하지 않고 원래 직장을 계속 다녔다면 나중에 어떻게 됐을지 알고 싶어 했다. 그래서 또 프리즘을 통해 아직 그 회사를 다니고 있는 자신을 살펴봤는데 놀랍게도 자신이 승진했다는 사실을 알게 되었다.

테드 창이 탐구하고자 했던 것은, 만약 정말 양자역학에서 말하는 평행우주가 존재한다면 우리가 지금 하는 결정이 아무 의미가 없는 것인지에 대해서였다. 어떤 결정을 하든 평행우주 속엔 다른 결정을 한 내가 존재하기 때문이다. 테드 창의 결론은 다음과 같다.

"정말 평행우주가 있다고 해도, 나는 여전히 우리의 결정이 의미가 없어지진 않을 것이라고 믿는다."

다시 말해, 수많은 평행우주 속 내가 각각 다른 결정을 한다고 해도 지금 우리가 내린 결정은 우리의 인격을 나타내기 때문에 여전히 의미가 있다는 것이다.

그래서 그는 "만약 당신이 평행우주에서 다른 마틴 루터를 보게 된다면, 그는 어쩌면 감히 교회에 저항할 생각도 하지 않는 마틴 루터일지도 모른다. 이를 통해 우리는 그곳의 그가 어떤 사람인지 충분히 알 수 있다."라고 말했다.

외부의 잣대로 자신을 판단하지 마라

오드리 탕은 어린 시절에 왕따를 당하면서 점차 독학의 길로 접어들었다. 중학교 때 공식적으로 학교를 그만두면서 자신만의 사고 체계를 만들기 시작해 지금의 오드리 탕이 되었고, 그녀가 세상을 대하는 태도, 신속하고 공평하며 즐거운 업무 방식을 통해 사람들이 공동으로 창조하고 작업하는 것을 강조하는 가치관이 형성되었다.

만약 평행우주 속 다른 오드리 탕이 어린 시절에 왕따를 당하지 않았고, 순조롭게 공부하여 계속 학교에서 우등생으로 지냈다면, 그 이후는 지금의 삶과 달랐을까? 그래도 그녀는 중학교에 입학한 뒤 결국 독학의 길을 선택했을 것이다. 그녀는 일찍부터 수많은 책을 광범위하게 읽었고, 섬세한 관찰력, 열린 마인드로 온·오프라인의 커뮤니티에 적극적으로 참여하면서 자신을 이해했다. 그렇게 일찍부터 외부의 잣대로 자신의 방향을 판단하는 환경은 만들지 않았다. 그래서 그녀는 "나는 등수에 대한 압박이 없었기 때문에 나의 방향을 찾을 수 있었다. 그렇지 않았다면 점수를 매기는 사람은 내가 아니므로 나는 다른 사람이 가리키는 방향으로 걸어갔을 것이다. 그런 압박이 없었기 때문에 지금의 내가 있다."라고 말했다.

자신을 이해했기 때문에 그녀는 한 번도 미래에 대해 생각할 때 끊임없이 등장하는 새로운 과학 기술 용어에 현혹되지 않았고, 다른 사람이 내린 정의에 끌려다니지 않았다.

메타버스, NFT, 머신러닝, AI, 비트코인 등은 일반 사람들 눈에는 새로운 비즈니스 기회, 새로운 투자 방식, 인류를 대신할 새로운 방식으로 보였겠지만, 그녀는 늘 자신이 만든 기준으로 이 모든 것을 판단했고, 외적인 모습에 유혹되지 않았기 때문에 문제의 핵심을 짚을 수 있었다.

오드리 탕이 추구하는 모든 핵심은 하나의 방향을 가리킨다. 그것은 '공동 창조'와 '공동 작업'이다. 그녀는 이것만이 인류 사회가 계속 유지될 수 있는 길이라고 생각한다. 그녀가 말하는 공동 창조에서 강조하는 것은 "나의 창조는 당신의 창조를 완전히 박탈하기 위해서가 아니라 당신의 다음 창조를 더 쉽게 하기 위해서 이루어져야 한다."이다. 그래서 그녀는 "내가 어른이 되고 나서 한 번도 하지 않은 일은 바로 다른 사람을 나보다 못하다고 생각하는 것이다.

160짜리 IQ는 그런 데 사용하라고 있는 것이 아니다."라고 말했다.

공동 창조와 공동 작업은 그녀의 업무 태도에만 적용되는 것이 아니다. 그녀는 늘 사람들에게 다양한 의견을 모아 공감대를 형성하고 탑을 쌓는 방식으로 한 가지 일을 함께 성취할 것을 장려한다. 과학 기술 도구는 그저 일 처리를 더 빠르고 간편하게 만들어 업무 프로세스를 보조하는 역할로만 사용해야 할 뿐, 그 도구 때문에 인류의 가치를 기계의 기술적인 설정에 맞춰서는 결코 안 된다고 말했다.

자신의 창작물이 다른 창작의 소재가 되게 하라

공동 창작과 공동 작업에 대한 생각은 그녀가 창작을 대하는 태도에도 나타난다. 그녀는 사람들이 그녀가 말한 것을 토대로 '2차 창작'을 하는 것을 장려한다. 그녀에게 허락을 구할 필요도 없다. 예를 들어, 한 음료 회사에서 자신들이 만든 음료 용기에 넣을 명언을 찾다가 오드리 탕이 한 말을 발견했다. 이에 오드리 탕에게 이를 사용할 권한을 달라고 요청했다.

오드리 탕은 이에 이렇게 대답했다. "SayIt 사이트를 자세히 보시면, 위에 '모든 저작재산권(저작인격권 포함)을 포기한다'라고 쓰여 있을 겁니다. 그러니 제게 사용료에 관해 물으실 필요가 없습니다. 이미 다 공유한 것이니까요." 하지만 그 회사는 혹시나 하는 마음에 다시 물었다. "최소한 서명이라도 해주실 수 없나요?" 그러자 오드리 탕은 "제 Flickr를 보시면 중문 서명과 영문 서명이 모두 올라와 있습니다. 그리고 저작권도 포기했습니다." 즉 그녀에게 세세하게 물을 필요 없이 가져가서 쓰면 된다는 뜻이다.

오드리 탕은 **검열하지 않기 때문에 자신의 기존 상상력을 뛰어넘는 다양한 창작물들이 나온다고 생각했다. 그렇게 단순히 그녀의 말을 인용하는 것이 아니라 창작의 소재가 되면, 그것이야말로 오드리 탕에게 의미 있는 일이다.**

"이렇게 하지 않으면 저작권법 때문에 본인이 살아 있는 동안과 사망한 뒤 70여 년 동안은 본인만 사용할 수 있고, 아무도 2차 창작을 할 수 없다. 하지만 내 경우엔 그 기간을 대폭 줄였다. 나는 무언가를 발표함과 동시에 죽은 지 70여 년이 지난 사람과 마찬가지로 사람들이 마음껏 사용할 수 있다."

왜 그녀는 사람들의 2차 창작을 이렇게 장려할까? 그녀는 자신이 창작할 때 매우 즐겁기 때문에 다른 사람도 그 즐거움을 느꼈으면 좋겠고, 비싼 사용료 때문에 그 즐거움을 빼앗기지 않길 바란다. 즉, 그녀는 인정을 받거나 사용료를 받기 위해 창작하는 것이 아니라 오로지 즐거워서 창작한다는 뜻이다.

이외에 지식이나 지혜 혹은 사람들과 함께 창조한 CC 등과 같이 그녀가 공유한 것들의 특징은 더 많은 사람이 함께할수록 가치가 높아진다는 점이다. 생산자 측면에서 봤을 때, 만약 그녀가 일부의 사람들에게만 공개하려고 하면 이는 오히려 추가적인 노력이 필요하다. 이보다는 공개적으로 발표하는 것이 가장 덜 힘든 방법이다.

사용자 측면에서도 마찬가지다. 누가 그녀의 소재를 사용하든 간에 어떤 사람들이 복사본을 가졌다고 해서 다른 사람들이 가질 수 있는 기회가 줄어드는 것은 아니다. 반대로, 이 복사본을 가진 사람은 같은 복사본을 가진 다른 사람들과 이를 기초로 토론을 벌이면, 더 많은 것을 배우게 된다. 오드리 탕은 이것이 바로 지식의 특징이라고 말했다.

숨기지 않고 대가 없이 공유해야 공동 창조와 공동 작업이 지속될 수 있다. 이는 인류가 미래를 대할 때 갖춰야 할 아주 중요한 태도다. 사람과 사람 사이의 연결성은 아직까지는 기계로 대체할 수 없는 것이기 때문이다.

'갖는 것'보다 '주는 것'이 더 가치 있다

오드리 탕은 과거 대부분의 가치가 한 사람의 사회적 위치나 경제 상황을 바탕으로 세워졌고, 소위 지위재(地位財, 희소하거나 대체재

보다 선호되기 때문에 가치가 생기는 재화. 예를 들어 높은 사회적 지위, 명성을 보여 줄 매우 좋은 식당의 예약, 비싼 자동차 따위를 말한다_편집자 주)의 가치는 대부분 불필요하고 사치스러운 여행이나 소비를 통해 창출되었다고 지적했다. 하지만 지금은 거의 불가능한 일이다. 만약 정말 지나치게 사치스러운 소비라면 소셜 미디어에서도 그렇게 많은 '좋아요'를 받지 못한다. 또한 포토샵을 정말 잘하는 사람이라면 자신이 세계여행을 다녀온 것처럼 속이는 것도 어려운 일이 아니니 이런 오래된 가치 포지셔닝은 이제 거의 의미가 없어졌다.

현재 우리 시대에 가치의 방향은 '갖는 것'에서 '주는 것'으로 바뀌고 있다. 예를 들어, 많은 새로운 세대들은 기후 변화라는 의제와 관련해 자신들이 얼마를 투자했고, 어떻게 해야 성공적인 순환 경제 방식을 생각해 낼 수 있는지 고민하는 것을 통해 자신의 가치를 세운다. 즉, 얼마를 가졌냐가 아니라 얼마를 주었는가의 측면에서 생각하는 것이다.

오드리 탕 역시 '주는 것'에서 출발해야 더 많은 것을 얻을 수 있다고 믿는다. 비록 사람들 눈엔 그녀가 천성적으로 타고난 영재라 뭐든 빨리 배우고 남들보다 잘할 것 같지만 사실 숨겨진 수많은 노력이 있다.

오늘날 인터넷 세계는 끝없이 광활하고, 지식도 손쉽게 읽을 수 있지만 어른이든 청소년이든 지식 추구에 있어서 모두 올바른 방향을 찾아야 한다. 오드리 탕은 자신만의 지식 체계를 구축한 덕분에 일찌감치 자신만의 닻을 내리는 방식을 터득했고, 갈수록 복잡해지는 이 세계에서 외부 세계의 혼란스러운 목소리에 휘둘리지 않고 자신이 가려는 방향으로 나아갈 수 있었다.

유발 하라리는 이렇게 말했다. "알고리즘이 우리 대신 모든 결정을 내리기 전에 최대한 빨리 자기 마음을 이해해야 한다."

오드리 탕에 대해서는 수많은 전설 같은 이야기들이 있는데, 그 뒤에는 이를 실현한 수많은 방법이 있으니 참고해 볼 수 있다. 특히 인터넷 시대에 그녀가 제시한 방법으로 우리가 지금 처한 환경, 나아갈 방향을 다시 생각해 본다면 업무적으로든, 생활적으로든 심지어 세대 간의 소통에서도 무궁무진한 수확을 거둘 것이다.

특히 팬데믹이 과학 기술의 끊임없는 발전에 촉진제 역할을 하면서, 업무나 생활에 쓰나미급 변화를 불러일으키고, 전통적인 선형 사고방식의 교육과 업무 방식은 이미 새로운 세계에 적용할 수 없음이 드러났다.

어려서부터 혼자 공부했던 오드리 탕은 이런 미래에 대한 준비를 미리미리 잘해 두었다. 사고, 독서, 업무, 세상을 바라보는 방식 등 모든 면에서 선형적 사고를 지양하고 공간적 사고를 선택했다. 그리고 마치 미래에서 온 사람처럼 투명하고 공개적으로 자신이 가진 것을 모두와 나눴다.

이 책은 오드리 탕의 개인적인 학습의 역사와 생활 속 경험을 통해 업무와 학습, 행동에 대해 다시 생각하게 하는 자기계발서이다. 업무나 학습 방식뿐만 아니라, 아이와 소통하는 방식에 관해서도 색다른 깨달음을 얻을 수 있으리라 확신한다.

"오드리 탕에게 묻다"

오드리 탕은 생각하는 속도가 무척 빨라 대답도 빠르고 간단할 때가 많다. 하지만 그녀의 말 곳곳에는 곰곰이 생각해봐야 그 의미를 제대로 이해할 수 있는 내용이 포함되어 있다. 아래 문답에서 보석 같은 말들을 포착해 책 속에서 미처 깨닫지 못한 것에 대한 아쉬움을 달랠 수 있기를 바란다.

Q1. 오늘날 우리는 기계에 많은 일을 맡길 수 있습니다. 그렇다면 인류의 미래에 대해 어떻게 생각해야 할까요?

SF소설을 읽어 보시면 앞으로 다가올 많은 미래를 알 수 있습니다. 소설을 읽는 걸 추천해 드립니다.

Q2. SF소설은 정말 다양한데, 작가님은 인간의 미래가 어떤 모습이어야 한다고 생각하는 편인가요?

후대를 위해 가능한 한 더 많은 가능성을 열어 두어야 한다고 생각합니다.

Q3. 소설이 작가님의 상상력을 많이 자극했나요?

저는 영어 소설을 읽고, 책 속 시들을 직접 해석해 보기도 합니다. 그렇게 하면 작가와 대화할 수 있는 공간이 커집니다.

Q4. 작가님이 4~5번 정도 창업을 하고 나서야 어떻게 창업하

는지 조금 알게 되었다고 말한 적이 있는데, 지금 창업을 하는 사람에게 해줄 조언이 있을까요?

네. 최대한 고객을 당신의 파트너로 만드세요. 내가 배운 점이 바로 그것입니다.

간단하게 말하자면, 과거에는 당신의 생각이 곧 특허와 같아서 당신만이 그것을 할 수 있었고, 당신은 시장에서 이를 적용할 수 있는 것을 찾으려 했습니다. 하지만 현재는 아닙니다. 지금은 어쩌면 당신의 생각은 그저 다른 사람의 번뜩이는 아이디어를 끌어내기 위한 미끼 역할을 하는 미숙한 생각일 뿐입니다. 그렇게 시작해 사람들이 당신을 비판하고 부정한다고 해도 당신은 그들을 받아들이고 함께 더 좋은 아이디어를 생각해 낼 수 있습니다. 과거에는 고객이 그저 당신의 제품을 통해서만 당신을 인식할 수 있었지만, 이제 고객이 당신을 인식할 수 있는 방법은 다양합니다. 제품을 통해 당신을 알고 당신이 하려는 것을 알고 나면, 고객이 인정하는 것은 특정 제품이 아니라 당신이 하려고 하는 일과 도달하려는 가치일 것입니다.

그 가치에 고객이 동의한다면, 당신을 도와 더 좋은 제품이나 서비스가 없는지 생각하고, 크라우드 펀딩이나 크라우드 아웃소싱 등과 같은 방식으로 이를 함께 실현시킬 수 있습니다. 이런 방식이 요즘 활발하게 사용되는 이유는 바로 사람들이 특정 제품이 아니라 어떤 가치를 실현하는 것이라고 인식하기 때문입니다.

Q5. 이야기가 다시 공동 창조로 돌아가는데, 고객과 함께 더 많은 가치를 창조할 수 있나요?

네. 그러려면 먼저 당신의 가치를 고객에게 정확히 알려 줘야 하고, 고객도 리믹스^{remix}할 능력이 있어서, 당신의 제품이나 서비스가 어떻게 작동되는지 이해하고 수정할 수 있어야 합니다. 물론 고소당하지 않으려면 더 좋은 방향으로 만들 수 있어야 합니다. 이 밖에도 고객이 더 좋은 건의를 했을 때, 아주 간단하고 빠른 빙식으로 당신에게 전달되어야 합니다. 이 3박자가 맞는다면 공동 창조의 생태계를 만들 수 있습니다.

Q6. 창업을 할 때는 자기 생각이 완전히 선명해야 하나요?

최소한 무엇을 하려는지는 분명해야 합니다.

Q7. 사람들이 창업하는 것을 장려하나요?

사명을 가지고 있다면요.

Q8. 사명도 있고, 아이디어도 있다면, 창업할 수 있는 건가요?

네. 나중에 그 아이디어가 별것 아니었다는 사실을 깨닫더라도, 적어도 당신은 수많은 비슷한 사명을 가진 친구들은 알게 되었을 것입니다. 그것만으로도 얻은 것이 많을 겁니다.

Q9. 창업에 실패한다면, 본인이 자신의 아이디어를 꼭 붙잡은 채 공유하거나 털어놓으려 하지 않았기 때문일 수 있나요?

사람들이 인정할 만한 가치였다고 해도 당신이 말하려고 하지 않으면 아무도 그 가치를 알 수 없습니다.

Q10. 아이디어가 좋아서 성공한다고 해도, 여전히 그 아이디

어를 꼭 붙들고 있으면 성공한 뒤에 오히려 더 위험해
질 수 있나요?

시장이나 환경은 끊임없이 변하기 때문에, 아무리 좋은 아이디어라도 시
장이나 환경의 변화에 발맞추지 않은 채 시간이 지나면 뒤처지게 됩니다.
처음엔 좋은 아이디어가 있는 것이 중요하지만 그보다 더 핵심은 시대에
맞춰 발전할 수 있느냐입니다.

Q11. 그럼 아이디어를 공개하면 다양한 분야의 생각들과 고객의 생각들이 계속 유입되는 건가요?

물론 자기 팀에 아주 좋은 생각이 있다면 내부 사람들과만 공유해도 되겠
지만, 외부와의 좋은 공동 창조 생태계가 없다면 결국에는 자기들끼리는
좋은데 실제 고객들에게는 이미 관심 밖이 되어 버리고 이를 깨닫지 못하
는 상황이 생길 수 있습니다.

Q12. 가치를 어떻게 정의하나요?

지금 가치가 있는 일이 미래에도 여전히 가치가 있다고 여겨지면, 그것이
바로 '공동이 가치'라고 생각합니다.

Q13. 작가님께서는 다른 매체 인터뷰에서 'Full-width space'에 대해 언급한 적이 있는데, 이것은 무언가를 바라보는 방식인가요?

'Full-width space'는 '전체 공백'을 말합니다. 제가 예전에 말했던 것처럼,
저는 세상의 절반 사람들은 저와 비슷하고, 나머지 절반의 사람들은 저와
비슷하지 않다고 생각하지 않습ㅣ 다. 세상의 절반의 정딩은 저와 가깝고,

나머지 절반의 정당은 저와 거리가 있다고 생각하지도 않습니다. 제가 말하는 '전체'는 이분법의 상대적인 개념입니다. 저는 마음속에 최대한 이분법을 넣지 않을 것입니다. 각각의 이분법은 지의 시야를 점점 좁게 만들기 때문에 최대한 모든 면에서 온전한 넓이를 유지해야 합니다.

Q14. 그래서 실제로도 공백의 심리 상태를 활용하나요?

네.

Q15. 학습 과정에서 어떤 것을 성공의 목표로 삼았나요?

제가 지금 하는 일은 정치와 관련 있는데, 다양한 분야의 가치를 모두 완벽하게 만족시키지는 못해도 받아들일 수 있는 수준까지 결합시킬 수 있다면, 즉 가치의 융합이 잘될수록 더 성공했다고 말할 수 있습니다. 그래서 저에게는 명확한 성공의 기준이 있습니다. 예를 들어, 각 지역사회 대표 모두가 65세 이하의 사람들은 온라인 예약 서비스를 이용할 수 있을 것이라고 의견을 모았을 때, 저는 이 정도면 성공했다고 생각했습니다. 하지만 이것은 제가 정한 기준이 아니라 매우 객관적인 기준이었습니다. 사회의 서로 다른 지역, 서로 다른 디지털 친숙도에 따라 선호하는 것이 각각 다른데, 이것들을 어느 정도까지 융합시킬 수 있다면 정치적·객관적으로 성공이라 말할 수 있습니다. 저는 이에 대해 기준 나이를 85세로 해야 한다거나 50세로 해야 한다, 혹은 언젠가 나의 시스템으로 바꿔야 한다는 식의 개인적인 의견이 없습니다. 저는 사람들이 모두 괜찮다고 생각하면 성공한 것으로 받아들입니다.

Q16. 아이를 어른처럼 대우하라고 말했는데요, 그렇게 한다

고 해도 어른의 행동 모델을 익히지 못하는 아이들도 있습니다. 그러면 어떻게 해야 할까요?

어른들도 모두 옳게 행동하지는 않습니다. (웃음)

Q17. 모든 아이가 작가님이 어렸을 때처럼 자신만의 목표를 확실하게 세우고, 자신이 무엇을 해야 할지 아는 것은 아닙니다. 요즘 아이들이 학교에 가고 싶지 않다고 말하는 건, 정말 단순하게 학교에 가고 싶지 않다는 뜻이니까요. 이때는 어떻게 해야 할까요?

만약 당신의 친구가 당신에게 "오늘 출근하기 싫다."라고 말한다면, 당신은 어쩌면 친구에게 이렇게 말할 것입니다. "좀 쉬어, 별일 없을 거야." 혹은 "같이 영화나 보러 갈래?" 먼저 휴식을 취하고 내려놓으라고 말하는 것이죠. 이것이 친구를 대하는 방식입니다. 아이들에게도 이렇게 접근할 수 있습니다. 대신 이 이야기도 함께 해줘야 합니다. "네 일이니까 엄마가 대신하게 하지 말고 결석한다는 말도 직접 하렴."

Q18. 사람들은 퇴직에 대해 아직도 전통적인 걱정과 생각들을 하는데, 이에 대해 어떻게 생각하나요?

생각을 많이 해 봐야 합니다. 지금은 열심히 생각할 때죠. 그렇게 돈이 많이 들지 않으면서도 좋은 방법이 있는지 말입니다. 돈을 많이 써야 한다면 그것은 당신을 지원해 줄 좋은 인적 네트워크가 없다는 뜻입니다. 만약 정말 아무런 네트워크가 없다면, 이는 그 사람이 마치 고립된 상태와 같아서 아무도 그를 아는 사람이 없어 결국 돈을 써서 그런 서비스를 구매할 수밖에 없다는 것을 의미합니다. 하시만 만약 서로를 알고 지원해주는 네트워크가 있다면, 네트워크의 사람들이 당신을 지원하는 목적은 돈이 아닐 것입니다.

Q19. 토론, 인터뷰, 책 집필 등을 위해서 작가님을 찾아오는 사람이 많은데, 이런 현상에 대해 어떻게 생각하나요?

저의 경험과 이 책을 읽고 싶어 하는 사람들의 경험이 겹치는 부분이 있다는 뜻일 것입니다. 그렇지 않으면 이 책을 이해할 수도, 읽고 싶어 할 수도 없으니까요. 책 속에 담긴 저의 이런 경험들이 어쩌면 사람들이 일상 속에서 너무 익숙해진 나머지 어떤 문제가 있는지 알지 못하는 일들을 짚어 냈을지도 모릅니다. 그리고 다른 사람의 말을 끊지 않아야 한다거나 열심히 경청해야 한다는 점 등을 중요하게 생각해야 한다는 사실을 깨닫게 되었을지도 모릅니다.

최고 수준의 지성을 판단하는 기준은 동시에
상반된 생각을 하면서도 흔들리지 않는 능력이다.
F. 스콧 피츠제럴드

최고의 아이디어는 공동의 자산이다.

세네카